Um pouco além do resto

Clarissa Corrêa

Um pouco além do resto

GUTENBERG

GERENTE EDITORIAL
Alessandra J. Gelman Ruiz

ASSISTENTE EDITORIAL
Felipe Castilho

REVISÃO
Flávia Yacubian

DIAGRAMAÇÃO
Christiane Morais de Oliveira

CAPA
Diogo Droschi
(iStockphoto)

Dados Internacionais de Catalogação na Publicação (CIP)
Câmara Brasileira do Livro, SP, Brasil

Corrêa, Clarissa
Um pouco além do resto / Clarissa Corrêa. -- Belo Horizonte : Editora Gutenberg, 2013.

ISBN 978-85-8235-100-0

1. Ficção brasileira I. Título.

13-09976 CDD-869.93

Índices para catálogo sistemático:
1. Ficção : Literatura brasileira 869.93

EDITORA GUTENBERG LTDA.

São Paulo
Av. Paulista, 2.073, Conjunto Nacional,
Horsa I, 23° andar, Conj. 2301 .
Cerqueira César . 01311-940 .
São Paulo . SP .
Tel.: (55 11) 3034 4468

Belo Horizonte
Rua Aimorés, 981, 8° andar .
Funcionários . 30140-071 .
Belo Horizonte . MG
Tel.: (55 31) 3214 5700

Televendas: 0800 283 13 22
www.editoragutenberg.com.br

Dedico este livro à vó Lalá (in memorian)

Agradecimentos

Apesar de adorar ter momentos de introspecção, não sei viver só. Acho que precisamos dos outros para viver, trocar e somar. Por isso, procuro me lembrar daquelas pessoas que todo dia somam e fazem com que eu tente ser alguém um pouco melhor.

Agradeço ao meu marido Francisco Spiandorello, por todo o apoio, cumplicidade e amor infinito.

Aos meus pais, Clara e Paulo, por serem duas pessoas especiais e fundamentais na minha vida e no meu crescimento.

Ao meu irmão Daniel, por ter sempre um ouvido pronto e uma palavra amiga.

Aos meus sobrinhos, Theo e Luiza, por encherem a minha vida de alegria.

À minha amiga Aline Lanzarin, por ser incansável e Amiga com "A" maiúsculo.

À Rejane e a toda a equipe da Editora Gutenberg, pelo profissionalismo e competência. Sem eles, este projeto não seria tão bonito.

À Gabriela Nascimento, pelo empenho, força e parceria.

Ao Fabrício Carpinejar, por tudo.

A todos aqueles que querem o meu bem e me mandam boas energias diariamente.

A todos os que, como eu, acreditam que finais felizes não existem só nos últimos capítulos.

Introdução

Escrevo desde que me conheço por gente. É claro que não escrevia nada de outro mundo, apenas cartinhas para meus pais e familiares. O curioso é que eu entregava o papel e ficava ao lado deles esperando que alguém chorasse. Se nenhuma lágrima se apresentava, questionava em tom sério: "Não vai chorar?". Quando eu era criança achava que a palavra emoção significava apenas lágrimas. Depois que eu perdi essa ingenuidade bonita, descobri que ainda tinha vontade de causar emoções nos outros. E que o leque possuía mais variações do que eu pensava, ia do riso à raiva.

Em 2005, criei um blog para divulgar meus textos. Era uma bela ferramenta, um instrumento para que o mundo (ou meia dúzia de gente) pudesse ler minhas linhas tortas e pensamentos esquisitos. Para minha surpresa, comecei a ser cada vez mais lida. Com isso, continuei compartilhando com quem quisesse as minhas ideias sobre a vida, os sentimentos, o cotidiano. Então, não tardou a surgir o projeto de reunir algumas crônicas em um livro.

Em 2010, publiquei meu primeiro livro, o *Um pouco do resto*, com 23 crônicas. Como a editora trabalhava com impressão sob demanda, eu mesma fazia o pedido e vendia. Era trabalhoso, mas semanalmente eu despachava as encomendas pelo correio. Não paravam de chegar pedidos e eu percebi que o livro tinha caído nas graças das pessoas. No ano seguinte, um diretor de arte amigo meu fez o projeto de um livrinho de frases, *O amor é poá*. Também foi um sucesso. Até que, em 2012, eu e a Gutenberg começamos a namorar. O *Para todos os amores errados* foi o meu primeiro livro pela editora e já está na terceira edição.

Resolvemos lançar o *Um pouco além do resto*, com as 23 crônicas do *Um pouco do resto* e mais 46 inéditas, que falam de amizade, relacionamentos, dúvidas, escolhas, sentimentos e todos os conflitos internos que passamos diariamente. Eu cresci e minhas ideias também já não cabiam mais no primeiro livro. Para mim, é um quarto filho já muito amado. Espero que vocês gostem.

Clarissa Corrêa

Apresentação

Do pouco, um tudo. Do tudo, um resto. Do resto, partes de nós.

Ela é um personagem que nasceu para viver com a intensidade dentro da bolsa. Tem um coração de criança, que anda de pé no chão, se suja comendo sorvete e adora escorregador. Tem uma alma de moça que não abre mão de carregar para cima e para baixo os livros de contos de fadas com histórias bonitas. Sempre foi de se dar assim, refazendo verbos, iniciando frases, completando palavras. De vez em quando se perde, mas nem todas as ruas estão no mapa. Acha que grandes amores não cabem dentro do peito, precisam de espaço. Saem pela boca, pelos dedos, pelos olhos.

Teve excessos de amores errados. Pensa que a gente se engana muito com as definições românticas. Quer ser ela mesma, com a cara azeda e absurdamente açucarada. Não quer saber tudo e nem ser racional. Quer continuar mantendo o cérebro no lugar onde ele se encontra: dentro do coração. Talvez essa seja a sua melhor parte.

Ela podia ser homem, ter bigodinho de carroceiro e calçar 44. Mas é mulher, se depila, calça 37 ou 38, tudo depende da boa vontade do calçado. Dona de um humor oscilante, vive se metendo em confusões, é apaixonada pela vida e adora ser o centro das atenções. De vez em quando, tropeça em pedaços dela mesma.

Tem muitas teorias. Uma delas é de que o principal fica sempre protegido. Entre parênteses ou dentro do peito.

Gosta de gente de verdade. Se você não consegue ser, por favor, nem perca o seu tempo com ela.

Um sorriso sem retalhos,
um pensamento desenfreado,
um olhar dançante e
um coração que bate
e ama
de forma enlouquecida
e pura
e selvagem
e honesta
e desesperada
custe o que custar
porque eu sou assim:
sem vergonha de sentir
e falar.

Frente e verso

(Para ler e apreciar a vista que a janela oferece.)

Tenho um pijama amarelo-ovo-corta-tesão cheio de coelhos e cenouras que é duas vezes maior que eu e está furado no meio das pernas, mas quero ficar com você. Tenho outro rosa cheio de estrelas e fadinhas e princesas e varinhas mágicas, todo rosa, todo rosa, mas quero ficar com você. Confesso (e simplifico): tenho uma tara por pijamas com motivos mongoloides para a minha idade, tudo bem, não são só pijamas: meias também. Pensando bem, algumas calcinhas têm bonecas, desenhos, frases, bichinhos e outras esquisitices do tipo agudo e crônico. Mas quero ficar com você.

Acho mania uma coisa chata e tenho um monte delas. Arrumo toda a louça antes de lavar e odeio quando algum engraçadinho começa a colocar prato na minha pia, não foi nesta vida que nasci com cara de escrava. Lerê-lerê. Lavo a louça ouvindo Joss Stone e tento imitar a voz dela. Pego garfo e faço de microfone, passo esponja no copo fazendo coreografia. Tenho nojo de pasta de dente seca na pia do banheiro. Falando em banheiro, quem foi que disse que é para molhar o tapetinho? Serve para bonito mesmo, não para ser pisoteado e molhado, não, não, pobre tapetinho! Lago é em outro lugar, pise no tapete depois de enxugar o corpinho, por obséquio. Manta de sofá: sentou, bagunçou, levantou, ajeitou. A ordem é exatamente essa. Esticadinha, por gentileza. Cabelo no ralo nem pensar, não suporto, me embrulha os olhos.

Sou um pouco de contradição, aliás, sou de tudo um pouco. Meu quarto de vez em quando se assemelha a New Orleans pós-Katrina. Minhas gavetas emperram de tanto papel e nem sei mais o que pode sair lá de dentro! Meu armário vira zona, se eu abro a porta parece cartola de mágico em começo de carreira: alguma coisa pula sem a menor cerimônia. Mas eu quero ficar com você.

Eu surto. Simples desse jeito. Em alguns dias, estou dengosa, cheia de amor e gestos tolos de apaixonados tolos, e em outros, estou comprando, vendendo e distribuindo brigas infantis. Tenho uma tendência desgraçadinha a falar e não dizer. Falo e falo e não digo, não digo. Hã-hã. Nã-nã. Não consigo simplificar, tenho que explicar tudo por tudo. Matemática não é o meu forte e de vez em quando coloco vírgulas em lugares indevidos. E, por Deus, eu não sei descascar laranja até hoje! Até que eu cozinho direito, mas volta e meia me passo no sal e exagero na pimenta. Tenho um gosto estranho que aprendi com vovó: tricô. Aham, eu faço tricô. Dependendo da noite não tenho saco para tirar a maquiagem e no outro dia acordo, além de descabelada, com a cara preta de rímel e lápis dormido. Durmo empacotada, cubro a cabeça. Nada de escuro, televisão programada para desligar às 3h30. Acordei e já está desligada? Ligo novamente e programo para desligar *one more time*. Tenho nojo de lagartixas e lesmas e sapos e qualquer outro bicho gosmento e melequento. Sei abrir garrafas de vinho com uma facilidade que até um especialista ficaria de boca aberta. Tenho celulite assumida. Tenho mau humor assumido e avisado.

De vez em quando eu sumo. Não atendo telefonemas, digo que não estou para ninguém, não costumo falar sem vontade. Sou muito cheia das vontades, movida a vontades, além de ter uma obrigação com a verdade (por mais que machuque). Falo sem pensar. Falo pensando, só não falo dormindo. Converso comigo e falo sozinha. Dou sorriso à toa. Falo palavras à toa. Não como pimentão. Adoro amar e tenho medo dos efeitos colaterais do amor.

Sou montanha-russa, caos, tormenta, confusão. Escrevo para viver, para sonhar, para imaginar, para criar, para inventar, para sobreviver, para não engasgar, para fazer passar, para me direcionar. Preciso dizer, não mando recado. Preciso de esconderijo, sou uma vilã comigo mesma. Sou o que sei e o que ainda nem descobri muito bem. Mas eu sou inteira e completa. Sei perdoar e ainda não aprendi a fugir.

Se você for capaz de encarar não demore: não sou fácil e o tempo corre.

Aperte a tecla SAP

(Para ler com o controle remoto na mão esquerda.)

Eu sei que existe a Lógica e a Razão. Mas a minha seita é outra. Sou do Clube da Emoção. O mais correto seria dizer com todas as letras o que satisfaz e o que não agrada. O que ganha estrelinhas e o que deixa de castigo. Mas sou emoção pura. E sem gelo.

Às vezes, não sei dizer como me sinto e espero que você descubra através da borra de café. Ou lendo a minha mão. Como sei que você não tem nenhum parentesco com a vidência ou Walter Mercado, recomendo pesquisar no Google. Dizem que lá tem tudo. Você sabe que estou brincando, ainda bem que a tecnologia não decifra sentimentos.

Tem o que a gente pensa, tem o que a gente acha que deveria ter sido feito, tem a realidade. E tem todo um universo nesses espaços. Por favor, veja os meus sinais. Nem sempre a minha gargalhada é feliz, ela pode ser tristeza pura. Às vezes o meu riso é dolorido. O meu não-te-preocupa-que-eu-tô-legal vem com legenda me-abraça-e-não-solta-mais. Vezenquando os meus olhos permanecem serenos quando, na verdade, já fizeram as malas e estão loucos para passear em Tóquio. Não sou difícil, só tente me ler direito, com a alma aberta.

Escondo palavras através do olhar. Não sou fácil, só tente não desistir. Entenda que eu gosto do exagero. Não quero razões e lógicas, quero a emoção dando tapas na cara e puxões de cabelo. Eu vivo para isso, quero sentir tudo. Preciso que você saiba que às vezes eu falo uma coisa querendo dizer outra. Entendo pedidos de desculpas. E os aceito de peito aberto. Só queria que, ao menos uma vez, você saísse da linha e gritasse meu nome em algum microfone de supermercado. Que escrevesse com tinta rosa na minha calçada eu-te-amo-amor-meu. Depois de uma discussão boba e desculpas mornas, algum gesto inesperado: serenata desafinada, cartazes pelo corredor, flores do prédio ao lado, nossas roupas rasgadas e espalhadas pela sala.

E agora você me pergunta com a cara mais incrédula do planeta se não seria mais simples falar de uma vez o que sente, em vez de ficar com desejos enlatados e engasgados. Entenda que o meu amor transborda. Justifico dizendo que sou mulher, isso explica tudo. A gente gosta da última cena do filme *Pretty Woman*: Richard Gere subindo as escadas com o apoio de um guarda-chuva, flores na mão. Um homem fantasiado de príncipe moderno, com direito a motorista. Descubro: toda mulher quer um dia assim para se sentir princesa. Pelo menos uma vez na vida.

É tudo culpa dela

(Recomendo ler comendo uma
barra do seu chocolate preferido.)

Não tenho uma religião bem definida, mas tenho uma própria religião. Antes que pareça confuso, a explicação: fiz a minha. Acredito em um pouco de cada uma e elaborei meu método religiosístico. Apesar disso, não sou a Dalai Lama das Letras, acho melhor avisar que estou na TPM. Se é que existe essa coisa de próxima encarnação gostaria de mandar um recado para o Todo-Poderoso-Lá-de-Riba: olha, meu amigo, na próxima vida eu quero nascer homem. Eles podem fazer xixi em pé, não é necessário o xixi-aéreo-boing-747-em-banheiros-públicos-em-estado-de-calamidade-sújica, a cutícula deles nasce muito mais devagar do que a nossa, a unha deles não lasca, eles não têm cólica, os peitos não ficam parecendo o Corcovado visto por um Smurf, a bunda em geral é mais dura, eles não precisam depilar a virilha com cera quente, não têm necessidade de depilar as axilas com cera quente e nem as pernas com cera quente e ainda têm a sorte de não estar sujeitos a queimaduras por depiladoras jumentas inexperientes em depilação com cera quente.

Obrigada, Senhor. Eles não sofrem dor de parto, não têm que fazer hidratação no cabelo, nem sabem o que são pontas duplas, não precisam de mais de dois pares de sapato, não têm que passar creme para a sola dos pés, para a rachadura dos pés, para as mãos, para as unhas, para deixar a bunda dura, para celulite, para prevenir estria, para acabar com a estria que já nasceu, cresceu e se reproduziu nas coxas, creme para a orelha, para prevenir marcas de expressão, para acabar com aquela ruguinha que nasceu ontem e já está aprendendo a caminhar, para tudo! Existe creme, se vocês não sabem, para passar antes de malhar. Ele te gela tão profundamente que parece que empurraram você em uma piscina de gelo, sem champanhe. Tem o que esquenta, aqueles de massagem. Vocês não imaginam a quantidade de cremes que existem no planeta! Tem até o do efeito-Cinderela-que-não-quer-virar-abóbora, que promete dar um *up* na face das viventes. Uma belezura. Minha avó usou, aprovou e parece mais nova do que eu, é um fiasco, não saio mais com ela na rua. Adoro cremes, amo plumas, coisas brilhosas, All Star rosa, perfume, creminho, tem uma máscara fabulosa da Mary Kay (não me pagam nada pela propaganda) de argila que é um luxo facial.

Eu queria falar da TPM e acabei desviando o assunto, me perdoe. Choveu durante muitos dias, pensei que iria virar uma perereca gorda. Você sabe, em dias feios a tendência é comer besteirinhas. Você sabe, sapos gostam de chuva. Você sabe tudo, não é mesmo, sabichão? (ou sabichona, vai saber, hoje em dia o mundo é tão moderno...) Ontem, no auge da chuva, resolvi escrever. Escrevi, escrevi, escrevi. Rasguei tudo, rasguei tudo, rasguei tudo. Descobri que não posso escrever durante a TPM. Fico um pouco agressiva. Não, fico chorona. Não! Acho que fico sensível. E furiosa. Ai, na verdade eu fico tudo ao mesmo tempo, não consigo me entender. Desisti de escrever e assisti um filme, *P.S. Eu te amo*. Vi pela quinta vez. Tenho essa tendência-estranha-repetitiva, assisto filmes muitas vezes, talvez seja alguma compulsão, vou pedir ajuda para os universitários. O filme é lindo e de chorar.

Acho que já contei que choro até com o comercial da Doriana. Para quem só usa manteiga, eu aviso: é margarina. E eu choro mesmo. Mas o comercial que até hoje mais me fez chorar foi o do Zaffari. Para você que não mora aqui, a tia dá a definição: Zaffari é supermercado. Eles sempre fazem comerciais lindos nos finais de ano. Eu vejo, choro e torço para que passe logo de novo, só para chorar mais uma vez. Será que eu adoro chorar? Será que procuro um motivo para puxar a corda das lágrimas? *Será que eu serei o dono dessa festa*? Chega de será, vamos ao ontem. Depois de lavar roupa com Omo-lava-mais-branco, resolvi fazer um bolo (enquanto a pipoca estourava na panela). Puxei um cobertor, deitei com uma bacia de pipoca e um prato com dois pedaços de bolo quente. E, lógico, Coca Zero. A Light já saiu de moda, sou muito atenta ao que é a onda do momento. O momento é Zero. Então fiquei pensando: o que adianta o animal se entupir de pipoca e bolo e balas de café e tomar Coca Zero? Gente magra toma Coca normal, já percebeu? Não estão nem aí para as calorias. Gordo, quase gordo, em processo de gordura, gordinho, cheio, semicheinho, exuberante e seres com excesso de gostosura em geral é que tomam Coca Light, Coca Zero, Coca Emagrecedora, Coca Não Vou Te Deixar Obesa, Coca Me Toma Que Não Faz Mal.

Tomei Coca Zero, comi pipoca, bolo e repeti tudo, inclusive a Coca, para dar uma equilibrada. Vi o filme, chorei, sequei as lágrimas e senti o cheiro de Omo-tá-lavando-mais-branco na minha mão. Ô, vida dura. A máquina desligou, estendi a roupa dentro de casa, chovia lá fora. Para acompanhar a chuva resolvi chorar, sou solidária. Fui ao banheiro fazer xixi sentada, já que sou menina, e me desesperei. Eu parecia um panda, borrada pelo rímel. Na verdade, eu parecia um panda inchado. Chorei mais quando me vi, estava péssima. Resolvi ver umas fotos, peguei a Caixa de Fotos do Passado e comecei a sorrir: que lindinha eu era quando bebê! Que bebê bonito! Olha, aprendendo a caminhar. Primeiro dia na escola. Primeira medalha ganha na Corrida de Estafeta. Primeira foto do Primeiro Porre. Quantas recordações! Que horror, vestido de festa de 15 anos brega. Como é que pode? O que era moda há mais de dez anos hoje é um terror. Mas amanhã, acredite, será moda de novo! Por isso eu acho que quem faz a moda sou eu e não as revistas. Choro, de novo. Como é que eu fui usar aquele cabelo, Alá meu bom Alá? Eu não tinha vergonha de sair na rua? As pessoas não tinham vergonha de mim?

Chega de filme. De fotos. De lavar roupa. De escrever. De pensar besteira. De comer besteira. Vou ligar para uma amiga e falar amenidades. Trim-trim. Oi, oi. Bobeira, bobeira. Papo vai, papo está indo, papo foi. Quando volta o namorado?, ela perguntou. Ai, só no mês que vem. Já tá com saudade? Claro, inclusive quando ele foi chorei um monte, chorei muito, chorei até ficar parecendo o Jason-da-Sexta-Feira-Treze. Hahaha, que besta. Peraí. *Ela riu de mim e disse que eu era besta por chorar.* Que criatura insensível. Desliguei e adivinha? Chororô.

Na próxima encarnação, decidi nascer travesti. A alma é feminina, mas eles não têm TPM.

A entrega

(Para ler e fazer uma listinha de
quantos amores você já achou que teve.)

Eu tive o meu primeiro namorado aos 6 anos de idade, nós nos escondíamos embaixo da mesa da professora e eu entregava metade das minhas balas de goma para ele; o primeiro grande amor da minha vida foi aos 13, mas ele nunca soube o cargo que ocupava em meu frágil coração – deve ser porque gostava de outra.

A banalização do amor é algo inquietante. É tão fácil achar que ama, é tão difícil encontrar o amor. Tive alguns casos, um *affair* aqui e outro lá, paixões arrebatadoras, aquele gostar profundo, falsas juras de amorzinho, promessas desbotadas, intensidades corroídas, vontades dilaceradas, momentos derretidos. A parte que eu mais gostava era do fim, que era cruelmente valorizado. *Aquela música*, algum vinho para esquecer e muitas lágrimas pretas pelo excesso de rímel e falta de vergonha na cara. Muito mais do que estar triste eu *queria estar triste*. Não é doença e não consta no CID, é que tem gente que não sabe amar. Outros nunca foram apresentados ao amor. Há, ainda, os que pensam que amam. Porque é bonito dizer que ama. Porque é dramaticamente belo dizer eu-amava-aquele-homem. Como explicar um choro seguido da frase minha-vida-tá-vazia-e-sem-sentido se você somente gosta ou está a fim de um sujeitinho desprezível cujas manias e preferências você desconhece? É preciso dar ênfase, importância, superestimar, supervalorizar, supersofrer, supertomarnacara. Tudo isso, com o tempo, rende boas risadas, todas as mulheres já tiveram um-dia-Bridget-Jones. Algumas têm uma veia, outras são a própria Bridget. Isso não tem muita importância quando você descobre que amar é diferente de qualquer outro gostar, gostar muito, gostar demais, gostar ao extremo, gostar pra ca*****, gostar pra burro, gostar pra caramba, gostar quase amando, gostar gostado, gostar adorado, gostar elevado.

A solteirice é saudável e traz felicidade *em partes*, como diria Jack, o Estripador. Não estou dizendo que as pessoas sem namorado são infelizes e sozinhas e tristes e acabadas e deprimidas. Tudo é questão de momento. Tem o momento de aproveitar, tem o momento de aquietar. Mas entenda: não é você. As atitudes falam por si só. Se está frio, chovendo e é sábado, é evidente que você prefere ter companhia. Se está quente, uma noite linda e é sexta-feira (e vai todo mundo para *aquele* lugar) e você ainda prefere *a companhia*, são as atitudes internas cutucando o seu corpinho. Quer saber? Não importa se os seus amigos estão namorando, se A ou B ou C diz isso ou aquilo ou aquele outro negócio. O que importa é o que você quer.

Eu nunca quis namorar, achava chato. É um processo diferente, você perde a liberdade, tem que dar satisfação, tem que levar o namorado junto para cima e para baixo, tem que dividir a vida, tem que dizer olha eu tô com essa cara hoje porque acordei me achando uma vaca, tem que tomar cuidado pra não levar um par de chifres. Eu ainda vislumbrava o lado bom, que era dormir junto no inverno, ter alguém para ir ao cinema, ver filme no sofá e acabou, mais nada. Na balança eu via que o lado negativo pesava mais, então a minha ação era o boicote. Qualquer pessoa que falava gosto-de-você eu dizia tchau, mané, até mais ver. Tinha uma barreira imaginária e quando eu sentia que a outra pessoa estava enfiando o pé em terrenos perigosos, adeus. Já fiz as piores maldades, mas nem tudo é publicável, use a imaginação.

Um dia, aliás, em um final de tarde, eu comecei a namorar. Se é para contar direito a gente conta direito: comecei a namorar, de verdade verdadeira, às vinte horas e quinze minutos de um domingo e meu coração estava mais apertado que aquelas calças recém-saídas-da-máquina-de-lavar-ainda-mais-depois-que-você-engorda-uns-oito-quilinhos-nas-festas-de-Natal. Eu e meu coração apertado encontramos ele e exatos quinze minutos atrasados. Daquele dia em diante nós juntamos as nossas liberdades, as satisfações espontâneas, os colos precisos, as divisões de acontecimentos bons e não bons, as caras feias e embonitadas e, lógico, as noites, cinemas e sofás – além das escovas de dentes e cabelos. E foi tudo natural. Naturalmente. Com naturalidade. Sem pressões, força ou esforço. É assim que tem que ser, simples. Sem complicação(ões).

Não é chato, a namoradice traz felicidade em potes. Cada um é preenchido com sentimentos novos que vão tomando conta dos nossos armários. Uma hora você pensa: em que parte do mundo eu me escondi? Quando você ama uma pessoa se re-descobre. Acaba conhecendo pedaços (im)próprios. Quem pensa que amar é estar no céu com meia dúzia de anjos tocando harpa nas nuvens está quadradamente enganado.

Amar, de vez em quando, é estar em um sótão úmido, escuro, abarrotado de anjos malvados e feios espetando a nossa bunda com diversos tridentes de todas as cores, formas e espessuras. O que conta é a vontade: você querer passar por momentos-sótão, afinal, são as imperfeições que mantêm as pessoas ligadas. A parte que você mais gosta é do todo, inclusive a parte empoeirada e suja. Os choros são abraçados por mãos seguras, que estarão sempre ali para livrar as lágrimas da solidão.

Quando o grande amor é inteiro você entrega todo o pacote de balas de goma, afinal, ele *sabe* o cargo ocupado em seu coração. Porque amar é bom e ser amado, por mais difícil e clichê que possa parecer, é melhor (e mais bonito) ainda.

Monossilábica

(Para ler e dar um beijo na própria mão. Muitas vezes.)

De vez em quando eu acordo falante, outras vezes quero ficar bem quieta, respondendo sim ou não, sem ninguém reclamando que estou monossilábica. Em alguns dias adoro o meu cabelo ondulado, já em outros, tenho vontade de passar a máquina na juba. Tenho insônia, mas não é frequente. Ela, por óbvio, escolhe as melhores noites para me visitar. Em geral é quando eu *preciso mesmo* ter uma boa e tranquila noite de sono. Vivo me embolando nos meus compromissos, perco o foco com facilidade. Esqueço coisas, preciso fazer listas. De vez em quando me dá uma tara, acordo e resolvo organizar todos os armários, gavetinhas e gavetonas. Acordo com aquele humor incrível e acho que nada, nada vai me abalar. Em outras ocasiões, meu humor é péssimo, até eu tenho medo de mim, pois a voz das pessoas me irrita. A cara. O jeito. As perguntas. Um determinado olhar. Tudo é motivo para encher o baú da minha irritação. Sou explosiva. Minha raiva vai até ali e dá choque, faíscas para todo lado, salve-se quem puder. Depois passa, não guardo mágoa, elas dão marcas de expressão. Você sabe, perto dos 30 elas começam a aparecer.

Tenho uma particularidade instigante: preciso da solidão. Gosto de pessoas, preciso delas, não sei viver sozinha. Mas sou mimada, preciso *quando eu quero*. Sou egoísta, gosto de ver televisão sozinha, sem ninguém falando junto. Sou chata, não gosto de dividir banheiro com ninguém. Sou espaçosa, bagunço as minhas coisas. Preciso da solidão para ler, para olhar para o teto, para tirar ponta dupla do cabelo, para fazer as unhas, para pensar em tudo, para fazer nada. Preciso da solidão para ser eu mesma. Para fazer alongamento, rir de mim, chorar comigo. Não entendo como tem gente que não abre a janela em dias nublados. Eu adoro janelas abertas, esteja um dia lindo de sol ou um carregamento de nuvens cinzas. Tenho que sentir o ar que vem lá de fora, seja ele qual for. Com seu gosto, cheiro, textura. Falo algumas coisas esquisitas como essa, por exemplo, ar com textura. Conheço cores que ninguém conhece, vejo alguns filmes que grande parte da população acha tosco. Não gosto de deixar as coisas pela metade, mas já deixei faculdades, relacionamentos, livros, alguns planos.

De vez em quando eu me repito. Tenho uma mania ordinária de corrigir as pessoas. Quando não sei como agir, dou risada. Se não gosto de alguém, fecho a cara. Não consigo fingir que está tudo bem, quem faz isso para mim é ninja – da falsidade. Sou radical ao extremo. E meu coração é mole. Mas até ele precisa ficar sozinho de vez em quando.

Dia desses a minha casa estava repleta de gente. Eu disse *cheia mesmo*. Sim, eram pessoas do bem, limpinhas, que eu gosto e me são importantes. Isso nada tem a ver com o fato de querer estar só. Por incrível que pareça, não sou um bicho, gosto de gente. É bem verdade que prefiro animais, são mais sinceros. A casa estava cheia, tão cheia que eu nem tinha lugar para dormir. Então fiquei pensando: como as pessoas conseguem (con)viver com outras? Talvez eu não saiba viver em sociedade. Desde pequena aprendi a dividir, tenho um irmão. Quem tem irmão sabe que a gente divide carinho, atenção, chocolate e brinquedo. Mas eu não sei dividir a minha solidão. Acho que ela me alimenta e dá forças. Preciso ter diariamente uns momentos meus. Sem barulho externo, sem conversa alheia, sem olhos atentos. Só eu e minhas confusões. Casa cheia, gente amada, o único momento solitário era o banho. Então eu tomava banho seis vezes por dia, só para ficar sozinha.

Você não quer acreditar, mas isso é normal. Quem gosta da própria companhia sabe do que eu estou falando.

Embaixo das minhas tranças

(Para ler tomando vinho e comendo amendoins.)

Eu sofro da Síndrome de Cinderela, por isso, em uma noite mágica, com estrelas mágicas, flores mágicas e cheiro mágico, eu encontraria um príncipe mágico e, a partir daí, acontecimentos mágicos surgiriam. O desfecho? Uma casa mágica, um grande e único amor mágico, filhos mágicos, cachorros mágicos e um jardim de inverno mágico. Agora você aperta no *pause* e vamos colocar a magia para fora da sacola.

Quem traz consigo ideais patologicamente românticos dificilmente se desfaz de doses cavalares de ilusão. Quando você conhece alguém tudo é encantamento, inclusive os defeitinhos de fabricação. Com a convivência e o passar do tempo a pessoa se mostra exatamente como é, você é que não acredita – ou prefere não ver. Ignorar é mais fácil, pois você quer se manter apaixonada. Por quê? Simples, você quer ser feliz. Seu trabalho vai bem, sua família idem e seus amigos mais ainda, só que você carrega dentro de si todas aquelas cenas que incluem Rapunzel jogando as tranças, Cinderela perdendo o sapatinho na escadaria, Bela Adormecida acordando após um beijo do príncipe. E você adora grandes histórias de amores impossíveis, à la *Romeu e Julieta*. Ou amores complicados como o de Scarlett O'Hara e Clark Gable, em *...E o vento levou*. É sonhadora como Audrey Hepburn, em *Sabrina*. E pode se tornar obsessiva como Isabelle Adjani, em *L'histoire d'Adèle H.* Na verdade, não importa o seu papel ou o modelito do seu personagem: você está apaixonada pela ideia de se apaixonar. Existe algo mais complexo do que isso? Vem cá, eu me apaixonei ou preciso muito dessa paixão por me apaixonar?

Quando comecei a me envolver com você tudo parecia tão perfeito, e eu me enchia de desculpas para a sua falta de jeito. A atenção, o cuidado e o amor que você oferecia eram extremamente econômicos, você era um pão-duro no quesito sentimento. Eu tentava te mostrar o meu lado, você me devolvia com verdades – aquelas que eu fingia não ver. Eu só adiava o **seu** final. Sabia que tinha que encerrar um romance que só eu escrevi, participei e fui a protagonista. Autorromance, conhece esse termo? É um romance vivido por você e você. Ou por você e alguém que **você imaginou,** um dia, existir. A culpa nem foi sua, o que você tem a ver com os meus problemas? Nada, você nunca se ofereceu para participar ativamente deles, o que eu pretendia? Pretendia manter a sua imagem, aquela que eu criei e que alimentava dia após dia. Nós brigamos, terminamos, reatamos, terminamos novamente, voltamos mais uma vez. E ficou um joguinho de mentiras, intrigas, coisas entaladas, mágoas expostas, fraturas eternas.

Desde o começo você me dizia quem era. Desde o princípio eu te fiz do meu jeito. Cada passo em falso se transformava em lágrimas e dores emocionais. E eu não me dava conta que tudo isso era provocado por mim. Você sempre foi transparente, mas eu queria te colorir. Insistia em pegar um lápis de cor e te pintar. Pincel e tinta, você fica como eu quero. Fomos egoístas, você com a sua fuga e medo de sofrer e eu com minha listinha de pré-requisitos-românticos-e-bobagens-amorosamente-esculpidas-na-minha-mente-açucarada.

Quis tanto uma história perfeita que acabei não fazendo o seguinte raciocínio lógico: se as pessoas falham e estão muito longe da perfeição como é que as histórias vão ser perfeitamente mágicas e sem erros? Por buscar alguém que trouxesse o meu sapatinho acabei com os dois pés no asfalto quente.

Por fim, se Deus quiser um dia eu perco a mania de inventar histórias de amor.

A antessala do inferno

(Para fazer um lançamento de dardos na foto da atual do seu ex. De preferência tente acertar no olho direito.)

Você sonha com algumas situações e foge de outras. Isso é normal, todo mundo é assim, não tem nada de tão complicado circulando ao redor da frase. Há algum tempo você e ele viveram um amor que era moreno, alto, bonito e sensual. Projetos para o futuro, ideias sobrevoando as cabecinhas e corações apaixonados. Oh, que lindeza. Um dia alguém puxou o seu tapete persa e aquele que era seu mundinho intocável começou a desmoronar. Tim-tim, *this is your life*!

Se dói, não dói, demora, não demora; nada disso importa. Tudo bem, até importa, mas não vem ao caso agora. Depois de folhas amassadas, recordações, lembranças, lambanças, nunca mais quero vê-lo na minha vida e ai que saudade e outras frases de defeitos especiais, você finalmente supera. Porque você é uma mulher com um poder de superação além do comum. Só não esqueça que você é uma mulher, isso muda tudo.

Um dia do passado eu tive um amor que virou nada e descobri bem depois que nem tinha chegado a ser amorzinho, semi, quase, tô bem pertinho; era só uma ideia fixa, porque a gente tem disso e, infelizmente, acha que é amor. Digo a todos que não era amor. Confesso a todos que achei que era. Reforço dizendo que sou loira e me confundo, troco os nomes, rostos, amores. "Eu nasci assim, eu cresci assim, eu sou mesmo assim." Abertura de parêntese: entre aspas é um trecho da letra do Dorival Caymmi, cujo nome é "Modinha para Gabriela". Fecha o parêntese. Agora vamos seguir o assunto. Agradecida.

Me confundi, quem não se confunde? Achei que era e não foi, mas o foco é outro. O foco é a antessala do inferno. Quando passa a angústia, desespero, dor e aquele furacão que rodopia a alma a gente consegue pensar com mais clareza. Passou, que bonito. Agora eu preciso vê-lo com a outra, será uma prova de que finalmente superei. E preciso ver se ela é bonita. Porque se ela for gostosa é burra e se ela for baranga deve ser ...superinteligente. Só que a imaginação não cessa. Será que ele diz para ela o mesmo que me falava? Será que eles vão aos mesmos lugares? Será que ela é boa de cama? Será que ele a chama pelos mesmos apelidos? O eterno será-será mata o sistema nervoso.

Os amigos dizem que ela não chega no micróbio do fungo da unha do seu dedão do pé. Você já viu fotos, seu lado detetive funciona que é uma beleza. Você sabe o local em que ela trabalha, o sobrenome de solteira da mãe da moça, pingos negros do passado dela, o nome da professora do jardim de infância, você sabe tudo. E precisa urgentemente ver os dois juntos. Um dia você os vê. De longe, caminhando de mãos dadas e sorriso de propaganda de político. Nó no peito. Sim, ele está feliz. E você devia ter superado. Então você anula o dia, não valeu, você tem que encontrá-lo téti a téti, ele tem que te ver, ela também, você tem que analisar cada fio de cabelo da rapariga e certamente o tal dia vai entrar para a História dos Dias de Superação.

No sonho mais doce você encontraria o seu ex com a atual e ela seria uma barangona. E você atropelaria os dois com um caminhão. E eles seriam partidos em pedaços. Perna para um lado, braço para o outro, muito sangue e a cabeça foi parar...? Ah, sim, rolou pelo barranco, está lá embaixo, oh! Oquei. Mas você encontra. Ui, e ela é linda e meiga e tem o cabelo de comercial de xampu e a pele mais macia que a da Xuxa no comercial do Monange. Ui, você odeia gente meiga. Ela é meiga, te cumprimenta com um sorriso que juro, parecia ser de verdade, e você perde o rebolado e tenta achá-lo dentro da bolsa e disfarça e ela olha bem no fundo dos seus olhos um pouco decepcionados e diz, por entre voz e um olhar azul, bem azul da cor do céu, do mar e de tudo o que é azul de tom bonito: ouvi falar muito bem de você.

Alguém viu o caminhão?

(Acelera)

O jardineiro infiel

(Para ler com lencinhos de papel ao lado.)

Trim-trim. Telefone toca insistente. Você atende com aquela voz de não-estou-a-fim-de-papo-agora. É a sua melhor amiga dizendo que você não deve ficar assim, afinal de contas, você era boa demais para ele. Você, louca para desligar na cara dela, solta um aham. Ela continua dizendo que o tempo vai te ajudar e te curar e te salvar. Novamente: aham. Ela diz que vai passar na sua casa pra vocês saírem, você precisa se divertir. Você, apressada, diz que está tocando o seu bip e precisa desligar.

Você quer ficar só e esquecer que Graham Bell inventou esse aparelho maldito chamado telefone. Tira do gancho. Resolve tirar da tomada, é mais sensato. Em um surto imaginativo, pensa: será que Graham Cell inventou o celular? Por via das dúvidas: *end* nele. Desliga tudo: você está incomunicável.

CD do Bee Gees. "How Deep Is Your Love." Você chora e balança o ombro feito uma autista. As lágrimas se exercitam: prova de salto em distância no seu rosto. Você olha para o bar. Johnnie Walker Black. Copo. Nada de gelo, guaraná ou Red Bull. Você finge que vai mergulhar, prende a respiração, vira o copo e faz careta. O líquido incendeia a sua garganta e queima a sua língua. Você pega o controle remoto e troca de CD. Goo Goo Dolls. Você continua balançando o ombro e recordando que um dia foi feliz. Esfrega os olhos, prende o cabelo, levanta e serve mais uma dose (você nem está medindo, vai no olho mesmo, enche meio copo). Ergue, coloca contra a luz e vira, vira, vira, virou. Careta. Fica meio vesga. Garganta pega fogo. Você vai ao banheiro e se olha no espelho. O que foi feito de você, meu Deus? Você chora e sente pena de si mesma. Se dá conta que chora bonito. Você podia ser atriz. Faz careta na frente do espelho. Olha-se de lado. Apaga a luz e volta para a sala. Troca o CD. Leo Jaime. Quando começa o refrão "a vida não presta, ela não gosta de mim" você se desespera e olha para o telefone. Se sente só. Se sente um pó. Dá um nó. Você troca de música. Chico Buarque. Canta bem alto "apesar de você, amanhã há de ser outro dia". Faz disso o seu mantra. Grita. Canta, exorcizando as dores. Acende um cigarro. Fumar faz mal, você sabe. Mas você está inchada, feia, semibêbada e quer morrer. Dá uma tragada profunda, se engasga e solta a fumaça. Cof, cof. Enche mais o copo, faz tim-tim para cima e, brindando com o ar, bebe tudo em um gole e nem sente mais a língua arder. Ana Carolina. "Eu nunca te amei, idiota". Você ri da letra da música. Rasga fotos. Tem vontade de rasgar a sua blusa e vomitar. Diana Ross & The Supremes. "Stop! In the Name of Love". Levanta, trocando as pernas, se serve novamente e começa a dançar em frente ao sofá. Sacode os braços e diz "stop, in the name of love, before you break my heart". Você ri e se sente ridícula e depois chora por se sentir ridícula. Bebe. Sente o coração parar e latejar.

Então você se sente menor do que uma estrela que brilha no céu. E cantarola mentalmente "I feel good, tananananana..." para ver se passa, mas não passa. Você vai para a cama, deita, coloca a mão na parede e implora para Jesus fazer o seu quarto parar de rodar.

No outro dia, você acorda com dor de cabeça, seu fígado e estômago de mãos dadas pedindo socorro. Toma um banho rápido e vai até a farmácia mais próxima. Eno e Neosaldina. Chega na cozinha, junta tudo isso com Coca-Cola e mete bronca. Lembra que o moço da farmácia olhou para você com dó. E se dá conta: está na cara que o seu coração foi picado por aquelas tesouras de jardinagem que têm o cabo laranja.

Efeitos do tempo

(Para ler ao som de "Time After Time", Cyndi Lauper.)

Acordei tarde, com o chamado do despertador cocorocó. Me deram um despertador-galinha, meio cafona, meio fofo, mas com alguma utilidade. O problema é que todos os dias acordo perturbada. Pensei em aposentar o objeto e usar um despertador de gente um pouco mais normal ou, quem sabe, fazer como tantas pessoas e programar o celular para me alertar que preciso levantar da cama. Mas vou achar outra coisa. Talvez o barulho do futuro-novo-despertador me incomode, talvez o celular me atormente. Desisti, resolvi abraçar a galinha e aceitar que a minha sina é acordar perturbada.

No caminho para a cozinha pensei em procurar um despertador-vaca, pode ser mais engraçado acordar com um mu. Pensamentos estapafúrdios sobrevoam a minha mente pela manhã, nunca soube decifrar esse meu traço de personalidade, só sei que imagino situações e coisas e histórias que se fossem colocadas no papel dariam um livro. *Muito* maior do que a Bíblia.

Peguei o jornal e encostei no balcão para tomar café, não consegui me concentrar nas manchetes. Lembrei da cena de um filme que não recordo o nome, tampouco a graça da personagem principal, só me detive na frase que ela dizia: "Tô cansada de fazer as refeições sozinha, dormir sozinha, acordar sozinha e levar o cachorro para fazer cocô na rua sozinha." Comecei a rir, afastei a cena da memória e fui checar os compromissos da agenda. O dia estava preguiçoso, desisti de correr e resolvi ficar de pijama, trabalhar em casa tem esse tipo de vantagem: posso me arrumar ou não, usar roupa velha ou não, pentear o cabelo ou não e ficar sozinha. Ou não.

Post-its espalhados pela tela do computador, alguns papéis com anotações em cima do teclado, muita coisa para fazer. Sempre gostei de correr contra o tempo, funciono melhor sob pressão, por isso adoro prazos. Tem que entregar um relatório amanhã. Depois de amanhã tem que estar pronto um capítulo inteiro de um livro de contos. Semana que vem um roteiro de filme tem que estar concluído. O aperto me deixa confortável e mais criativa. Se eu tenho um longo tempo vou empurrando com a barriga, deixo para fazer depois e depois e depois até ficar com a corda no pescoço, então funciono que é uma beleza. Devo gostar de viver no perigo. *Sozinha*. De novo, a atriz que não lembro o nome. O filme que esqueci como se chama. A cena. A frase. E eu pensando nisso. E a corda começou a me enforcar. As coisas ficam batendo na minha porta, chega uma hora que não dá para fingir que não tem ninguém em casa. Abri.

Todos os dias pela manhã eu tomo café sozinha, é automático. Pego o jornal, coloco em cima do balcão, me encosto nele, faço carinho com a sola do pé na cadela que está esperando algum pedaço de maçã cair no chão. Sei que hoje na hora do almoço vou comer o que sobrou do frango daquele restaurantezinho chinês lá da outra quadra. Vou aquecer no micro-ondas, as bordas ficarão quentes e o meio frio e, de acompanhamento, vou pegar duas ou três bolachas *cream cracker*. E meu almoço vai ser em pé, no balcão, sozinha. Isso não me incomoda, será que deveria?

Me sinto bem sozinha, de vez em quando é chato, morar só tem lá as suas desvantagens. Não é sempre que você tem com quem conversar. Você tem que se virar para comer. Você tem que lavar as suas roupas. Você tem que atender o telefone. Mas eu sempre fugi das regras. Converso com a cadela. Peço ou invento comidas. Mando a roupa para a lavanderia. A secretária eletrônica fala por mim. Terceirizo problemas, essa é a lei. Tudo é terceirizado. Menos o cocô da cadela.

Dormir sozinha é uma beleza. Ninguém ronca na sua cara. Ninguém puxa o cobertor. Ninguém te dá um tapa sem querer ao virar para o lado. Mas ninguém te dá bom-dia. Ou boa-noite. Ou te abraça quando esfria. Existe o lado ruim, mas não entendo a tal personagem do filme. Você pode dormir ou acordar quando quiser, como quiser, além de colocar na sua cama quem – obviamente – você quiser com, de quebra, a liberdade de mandar embora o indivíduo a hora que der na telha, afinal, a cama é sua. Nela você manda. Nela e na sua vida.

Mesmo que seja perturbadoramente solitária.

Autoalta

(Para ler e se olhar no espelho. Ao mesmo tempo.)

Quando criança, se você teve pais ligeiramente inteligentes e coerentes e não tão dementes é provável que tenha ouvido muitos nãos. Não enfia o dedo molhado na tomada, não empurra o irmãozinho, não come meleca do nariz, não rói unha, não responde desse jeito que é feio, não corta o cabelo da Barbie porque *não cresce de novo*, não vê televisão até tarde, não vai comer miojo hoje, não pode dormir na minha cama, não quebra o meu vaso tailandês, não pode riscar as paredes de canetinha rosa-choque, não, a cadela não é cavalinho.

Depois que virou adolescente, apesar de já estar mais ou menos familiarizado com o Não, volta e meia ele dava as caras e os tapas na *sua cara*. Não volta tarde, não vai sair hoje, não vou te buscar às cinco e vinte e nove da manhã, não vai dormir na casa do namorado, não grita comigo, não tô a fim de relacionamento sério, não pode colar na prova, não é para maltratar os mais velhos e mais chatos, não é possível que você queira uma calça só porque *todo mundo tem*, não vai sair sem roupa na rua, não, não é você, *sou eu*.

Até que enfim você cresceu. A gente cresce, a quantidade de nãos também. Não posso ser o único adulto da relação, não dá pra parar de malhar, não dá para acreditar que todo mundo é meu amigo e bonzinho e gente fina, afinal, tem gente grossa habitando o universo. O não embaralha a cabeça da gente e faz o sim se esconder em um canto qualquer. Para algumas pessoas o não traumatiza, o não paralisa, o não empedra, o não endurece. Para mim o não traz algumas lágrimas e depois ele se transforma. Os nãos não são definitivos, assim como os sins. Na verdade nada é o que é. Tudo é como a gente vê. Existem as pessoas positivas e negativas. Os positivos sempre enxergam algo de bom, por maior que seja a merda feita. Os negativos, mesmo nas coisas fantásticas, procuram algo ruim. Eles são adeptos da frase "se está tudo muito bem alguma coisa terrível vai acontecer". Tudo bem, a Lei de Murphy vive entrando sem ser convidada, mas a vida não se baseia na coleção de sins. Pelo menos a minha. Os nãos é que me fazem mais forte, mais centrada, mais preparada, mais, mais e mais.

Sempre falei que eu gosto dos defeitos das pessoas. Qualidades, pra quê? Para ficar bonito e bem falado? Qualidade igual ou parecida com a sua eu aposto que mais de mil pessoas têm. Defeitos, hábitos pouco amigáveis, manias nojentas e derivados, eu duvido. Sei que ninguém fala isso, mas para mim pouco importa o que dizem. Me importo com o que eu acho, se achei, tá achado. Sim, eu mudo de opinião. Sim, eu tenho dias péssimos. Sim, eu me dou nãos. Sim, já levei nãos e estou aqui, sardenta e valente. Só fujo de lagartixa.

Em alguns dias eu acordo com a cara amassada pela fronha de babadinhos floreados que tenho que usar porque a bisavó me deu e olho no espelho e vejo que o rímel foi parar lá no meu queixo e eu penso nossa, tô linda de morrer. Meu cabelo parece que foi mastigado pelo cachorro do vizinho e as olheiras certamente darão o que falar por mais de sete dias, sabe como é essa gente fofoqueira que não tem assunto.

Em outros dias eu acordo com uma pele que daria inveja aos Mestres do Photoshop, um cabelo brilhosamente incrível e, acredite, eu só dormi quatro horas e quarenta minutos. Por sinal, já percebeu? Quando eu durmo 26 horas por dia é que fico com uma cara pálida, pareço de alguma tribo que já nem existe mais. Certos dias do ano deveriam ser eleitos os Dias Kodak. Qualquer olha-o-passarinho e você está uma belezura. Em outros, gaste todos os clicks e a Passarolândia, pois fica uma tragédia brasileira. O braço sai do tamanho do Caminhão do Faustão. A bunda sai maior do que a da Mulher Melancia ou Mamão Formosa, sei lá o nome daquela uma que tem a bunda do tamanho de um trem. Não, não, não, é melhor deletar tudo, aproveitar e rasgar alguns álbuns antiguinhos.

Uma hora cansa bater na porta de quem não quer abrir. Pior ainda é bater palmas e gritar ô-de-casa em dias de chuva sem guarda-chuva, com o *scarpin* mais alagado que São Paulo em dia de enchente e com a porcaria da escova progressiva vencida. Mas quer saber? A nossa porta tem que estar sempre entreaberta. Jogue a chave fora, não precisamos de cadeado, tranca, alarme, grade, seja lá o que for. A gente tem que se abrir para o sim, para os sins.

O maior sim quem dá somos nós. Começa pela autoestima. Sim, precisamos nos amar. Sim, temos que fazer o que gostamos. Sim, temos que crescer com responsabilidade, virar adulto sem perder aquele jeito brincalhão e inocente de criança. Sim, as crianças ouvem nãos, mas desde pequenos sabem que o sim existe. Se ele não vem por conta própria, nós precisamos ir atrás. Nem que seja a pé debaixo de neve.

Vidasjuntas

(Porque esse tal de amor é um mendigo sem nome, emprego, salário, família e, apesar disso, tem residência fixa e comprovante de endereço. E nós. Nós fortes que não desatam, só atam cada vez mais.)

Estou com medo. Não entendo bem as coisas. Dia desses pensei ter a razão, esqueci que ela dá cambalhotas e vai parar lá do outro lado bem firme, mas com as pernas um pouco em estado de treme-treme-com-hifenzinho. Quando algo treme, *trec trec*, pode perder a força, orça, rça, ça, ah, caiu. Espatifou. Eu espatifo, tu espatifas, ele espatifa. Adoro a palavra espatifar. Eu sei, tenho paixões quase assustadoras por determinadas palavras. É o meu vício. Continuo com medo. Não sei se vou entender bem as coisas.

Li uma frase hoje (enquanto circulava os olhos pela internerd) que me deixou cismada. Eu cismo com tudo, você sabe. Cismo com teia de aranha, pó em cima da prateleira, torneira aberta, relógio que não para com o tique-taque, gente que ronca e/ou come de boca aberta mostrando todos os pedaços de lombinho, cismo com unhas sujas, cabelo com caspa, cismo com tudo. Cismo com excessos de simpatia, com falta de sorriso na cara, com gente solícita demais, com gente que tem estoque de patadas, cismo com a cisma. Hoje cedo, por exemplo, tudo me irritava. Normalmente sou rápida. Toca o despertador, levanto sem pestanejar ou dar ração para a preguiça. Tocou, desliguei, levantei. Abraço de bom-dia (não tem nada mais gostoso), beijo de bom-dia (não tem nada mais gostoso, parte II), um pé fora da cama, outro pé dentro do banheiro. Banho, café, seca-seca-de-cabelo, roupa e vambora. E se der mole ainda lavo a louça e arrumo a cama. Meu namorado aproveita cada momento da vida, inclusive o despertar. Toca o despertador, ele coloca mais uns minutos, vira para lá, para cá e para lá de novo, espreguiça, vira para cá mais um pouco, boceja, espreguiça, me dá bandodeabraçobom (eba!), bandodebeijobom (eba, deu empate!) e aí levanta, toma café e isso e aquilo e mais um espreguiça-espreguiça e vira para todos os lados. Normalmente eu não me importo, inclusive acho o máximo o jeito como ele amarra o tênis. Também acho fofa a maneira como ele fecha o olho esquerdo por causa da claridade ou por causa do sono ou por causa de. Mas hoje tudo me irritava, inclusive essa coisa de gostar de aproveitar cada minuto como se fosse o último. Eu tenho pressa. Corro. A paciência não veio de brinde no meu pacote. E me peguei pensando nessas coisas do amor.

Interessante duas pessoas que resolvem unir suas vidas e suas diferenças. Olha, tá aqui a minha vida. Junta a tua com a minha, a minha com a tua, a gente faz um mix, sacode, remexe, bota um adoçante e bebe tudinho. Ui, que delícia, que gostoso, que genial. Isso é o amor. Amor é junção. É exercício de paciência. Paciência no sentido de entender que o outro é diferente, sente diferente, pensa diferente, reage diferente, é todo diferente e se você ama, tem que amar igual e não diferente. Porque o amor é igualdade. É ser igual nas diferenças: você aceita a minha, eu aceito a sua e a gente vai ser feliz. Ouié, beibe. E dá pra ser feliz, claro que sim. É possível só quando você quer. Por que as pessoas desistem tão facilmente? Eu respondo: não sabem aceitar as diferenças. Eu tenho uma TPM horrenda, viro um monstro imenso e melequento, xingo sem pensar, brigo sem querer, procuro alfinetes para espetar quem me rodeia. Tá bom, vai, não sou tão má assim. Brigo com quem é próximo, com quem eu sei que ali irá permanecer. Sabe a minha paciência matinal? Pois ele tem outras paciências muito maiores que as minhas. Ele ignora meus comentários tpmísticos, simula uma surdez para não me dar trela e brigar. Por que tô contando essa mini-história-de-paciência-e-diferenças-e-igualdade? Porque o amor tem disso: aceitar o outro com tudo o que ele traz. Eu trago muita coisa. Tem coisa estragada, sei bem. E tem tanta coisa linda que só quem me conhece sabe. É que eu sou uma pessoa muito boa, entende? Mudo do açúcar para a pimenta em poucos segundos. E isso é bem, bem ruim. Mas cada um tem um poço com água clara e lama, se é que você entende.

Em que raio de lugar eu quero chegar? Cismei com a frase que li, que na verdade tinha subfrases. Depois fui além, vi que existem poesias e letras de música e mais um monte de coisa brega do tipo que só fica bonito no texto. Na vida real é tudo xexelento. "Minha vida só faz sentido com você. Você é tudo pra mim. Você é a minha vida. Te dou a minha vida. Te amo mais do que a mim mesmo." Pega o Liquid Paper, abre bem a mente e se tiver que fazer um furo no cérebro para a informação entrar, por favor, faça. Não acredito em amores assim, a não ser na telinha da Globo, no melhor estilo Janete Clair. Ou lá no Pantanal com a Juma. Dramalhão mexicano tipo o que rolava no SBT também tá valendo. Por gentileza, não diga que sou a sua vida, não me dê a sua vida, não deixe que as coisas só façam sentido comigo, não deixe que eu seja tudo para você, não me ame mais do que a você mesmo.

Se ame muito para me amar. Me ame de graça e por tudo que eu sou. Me ame pelas minhas partes tracejadas, picotadas, rasuradas, limpas, claras e legíveis. Me ame quando eu sacudir o avesso de mim. Me ame quando eu me perder em uma avenida que tenha o nome escrito em uma placa grande com a fonte maior ainda. Me ame quando a placa grande com o nome da avenida estiver gritando na minha cara e, ainda assim, se eu continuar zonzamente perdida sem saber para onde ir ou como me achar, me abrace silenciosamente e diga baixinho no meu ouvido que está ali, assim vou saber que você nunca me deixa só. Me ame quando eu souber o meu lugar. Me ame quando eu disser que tá tudo bem, que nem foi nada de mais. Me ame entendendo que foi demais, que nada está bem, porque eu disfarço. Me ame sabendo que meu orgulho de vez em quando ultrapassa os meus 1,69 de altura. Me ame quando aparecer uma goteira no telhado e o meu quarto virar um riacho.

Me ame muito, me ame sempre, me ame quando eu sorrir, chorar, desistir, quando eu quiser recomeçar. Me ame quando eu disser que vou voltar atrás. Me ame quando todo mundo for embora e a festa terminar. Me ame quando eu estiver numa multidão. Me ame com vontade, sabendo que você veio e virá sempre antes de mim, porque para poder amar tem que se aceitar. Me ame sim, mas entenda que amor para mim é aquele que a gente pode amar sendo quem é, com os pés sujos de andar no chão, com o cabelo emaranhado de tanto cafuné e com o coração livre. Porque a minha vida é a minha vida. A sua vida é a sua vida. Elas quiseram se juntar e andar com as mãos unidas. Simples assim, sem essa de eu-te-dou-a-vida. Eu dou o amor, somente, porque ele vale mais que tudo. E com ele a gente aprende a se amar mais e melhor. Porque o amor não tem título, muito menos definição.

Descendo do Salto

(Para ler de meias velhas e furadas.)

Eu adoro bala 7 Belo. É uma delícia e gruda no dente lá de trás. Uma tragédia que só tem fim de duas maneiras: esperando o relógio andar para fazer a bala descolar ou colocando o dedo indicador lá no final do corredor do bocão para salvar a bala do dente traiçoeiro. Uma mulher fresca jamais enfia o dedo na boca para tirar vestígios de bala. Estou aqui para fazer o Movimento Diga Não Ao Mundo Fresco. Participe você também!

Não sou fresca. Sei abrir potes de palmito e pepino. De vez em quando tenho que fazer uma força danada, é óbvio que seria menos trabalhoso ter um Homem Armário Dois Por Dois com o crachá do Abridor De Potes Oficial. Mas de vez em quando a gente tem que ser macha. Eu sei trocar lâmpada e acho o fim a mulher que espera sentadinha no escuro o seu maridão para subir em uma escada ou banco para efetuar a troca. Eu sento no chão. Sento mesmo, é bom demais. Não tenho essa de o-chão-tá-todo-sujo. Não tendo cocô de gato no meio da grama ou um formigueiro, sento numa boa.

Está comprovado cientificamente: cerveja e bebidas gasosas fazem qualquer ser humano arrotar. Mas você sabe que uma mulherzinha não arrota. Eu não sou mulherzinha. E arroto. Digo mais: arroto com o ar. Já ganhei campeonatos, posso mostrar as minhas medalhas. Eu brinco de lutinha. É bom dar um Mega Golpe Iááá de vez em quando. Mulher fresca não faz isso, pois pode estragar a chapinha. Falo palavrão. Muito. É impossível você não soltar um puta-que-pariu quando bate o dedinho do pé na mesa.

Mulher fresca depende de homem. Espera o cartão de crédito para passear no shopping e voltar para casa com as mãos bem-feitas lotadas de sacolas. Mulher fresca não lava um copo e fala miando. Mulher fresca sobe em cima da cadeira e fica histérica ao enxergar uma barata. Mulher fresca vive para malhar, cuidar do cabelo, da pele, das joias. Eu não sou fresca.

Ando de pé no chão. Ele fica sujo, todo preto, às vezes tenho que lavar para poder deitar no lençol branco. Não tem nada melhor do que andar de pé descalço. Eu mato insetos. Sem fiasqueira. Tiro as Havaianas e pleft, na mosca, mato barata até sair a gosminha e ainda junto o cadáver. Imagino que você também pense assim (ou sou a única mulher do planeta que é macha na hora do aperto?).

Você não é mulherzinha, mas chora em filmes de amor e está sempre bonita e cheirosa. Não é mulherzinha, mas não lava a louça no dia em que fez a unha. Procura deixar a malhação em dia e vive descobrindo creminhos milagrosos. Você não é fresca, mas gosta de ser cuidada. Curte um mimo, carinho, dengo e proteção. Adora flores, gosta de romance e gestos e demonstrações de cavalheirismo. A diferença é que você não suga: recebe e retribui como qualquer mortal não fresco.

Assim engatinha a humanidade

(Para ler tomando água com açúcar.)

Já falei qualquer dia e quaisquer inúmeras vezes que gente descolada me dá coceira. E dá mesmo. Estava eu lendo a *Veja*, pois nem só de *Contigo*, *Nova* e *Marie Claire* vive uma mulher e fiquei pasma com a Pitty. A Pitty, roqueira tatuada e, descoberta minha, descoladérrima. Não basta ela querer equalizar você numa frequência que só a gente sabe. Para ela, não é suficiente te transformar em uma canção e acredite: ela gosta mesmo de você bem do jeito que você é. Dona Pitty tatuada e roqueira e palavruda disse a seguinte frase (tá lá, eu não minto, abre a revista e *Veja* com os seus próprios olhos azuis, verdes ou cor de vila, como os meus): "Meu grilo não é o meu parceiro sentir desejo por outra pessoa. É o fato de eu não saber. Eu quero me sentir incluída. A mina é massa? É gostosa? Me leva junto!". Agora interrompe a leitura do texto e volta pro grilo. Grilo, pra mim, só o Falante. Eu detesto barulho de grilos. Abomino gente que me chama de "cara". Se for mulher, pior. Soa algo nenhum-pouco-nada-de-nada-feminino. E eu sou bem mulherzinha, apesar dos pesares. Porque eu adoro sentar no chão, falar palavrão, beber que nem garotão (para rimar com chão e palavrão) e dar arrotão. Já fiz muito campeonato de arroto nesta vida, Senhor. E você já sabe do blá-blá-blá: mato barata na boa, troco lâmpada na boa, não faço fiasco à toa. Mas, tudo tem um "mas", tenho medo de trovão, não lavo louça no dia em que faço a unha e fico nervosa quando alguma calça fica apertada. Tudo isso você sabe, vamos então ao que você desconhece.

Não vou falar mal dos tatuados, pertenço ao clube. Tenho quatro tatuagens, alguma vergonha na cara, muitas sardas que contam histórias, um par de olhos cor de vila, nenhum parente importante, quase nada de dinheiro no banco, mas sou limpinha, dou abraço apertado e não sei mentir. Como nem tudo é azul, eu falo algumas gírias, cometo gafes de todos os tamanhos, volta e meia eu furo com os amigos. Jantares, aniversários, festas, batizados, casamentos. *Yo soy* convidada, confirmada, inclusive penso no modelito, chego a marcar hora no cabeleireiro gay, mas furo no último segundo. Antes disso, digo na maior cara limpa: tô chegando, já tô indo. E a ida acaba não indo. Os amigos, antes, ficavam revoltados, depois disseram que ela é assim mesmo, ela é assim mesmo. Eu sou muito perdoada, obrigada, vocês vão para o céu. Já eu, pelo jeito, vou para o inferno. Se lá pode beber, fumar, falar bobagem, contar piada, ver filme pornô, jogar Imagem & Ação, roubar balas da gaveta do meu avô, fazer fofoca e caluninha do tipo a Nicole Kidman está cheia de rugas, tô dentro!

Fico muito brava e sou invocada. Mudo o tempo todo. Coisas simples me deixam furiosa, coisas bobas me fazem feliz. E eu fico muito feliz e muito triste também. De vez em quando é tudo ao mesmo tempo e eu nem sei direito como a coisa toda surge e alterna e me deixa meio desgovernada, feito avião sem piloto, apertem os cintos, a dona moça acordou com o pâncreas invertido. Acontece, acontece raro, acontece muito. Não pense que sou bipolar ou qualquer coisa similar. Já fui naqueles médicos que tratam da mente, aqueles que a gente sai meio dormente. Normal, você é normal. O humor oscila, mas é dentro da normalidade. Doses altas de ansiedade e traços de hiperatividade, fique sossegada, não é o Caso Tarja Preta. Já tomei florais, fizeram um bem danado. Sei lá se é verdade, mentira ou psicológico, o que sei é que eu sou mulher e tudo que me dizem que funciona vou lá e testo. O máximo que vai acontecer é eu ficar mais pobre e falar mal do produto-remédio-qualquer-coisa para todo mundo. Eu falo muito e rápido e troco de assunto como puta troca de cliente. Sou ciumenta, tenho ciúme das minhas coisas. E eu sou possessiva, muitas coisas são minhas. Amigos, família, objetos, cachorro, quadros, livros, namorado. Tudo m-e-u. Ser assim dói vezenquando. Vezenquando dói ser assim. A gente leva, tenta contornar, faz força para não pensar, mas dói. Dói doído. Dói sofrido. E depois passa, a dor vai sumindo que nem estrela que vai se apagando. No lugar dela, nova estrela. Assim eu vou, eu vou, para o assunto agora eu vou.

Pitty, parabéns, você está na moda. Fico pensando se é tudo verdade ou só uma declaração para parecer legal. É que hoje em dia é legal relacionamento aberto. Certa feita ouvi um amigo dizer que o ponto máximo de um relacionamento é não sentir o menor ciúme se o ser com o qual você se relaciona transa com outro. Eu sei que está confuso para você também, titia explica: você e seu par se amam, o sexo é ótimo, vocês se respeitam e querem dividir os sonhos. Que gostosura, não? Eis que vocês, apesar do sexo ótimo e vamos frisar o sexo ótimo, querem dar uma apimentada (eu acho horrível essa expressão) na relação. Amorzinho, faz assim: você come a Fulaninha, que pode ser nossa amiga ou uma Funcionária da Calçada e eu dou para o Beltraninho, que pode ser teu ex-colega-de-campeonato-de-carrinho-de-rolimã ou um michê tri gostoso, tchê. Certo, meu bem, hoje é o Dia da Fodelança então. Quatro horas depois os dois voltam para casa suados, cansados, tomam um banhinho, afinal, lavou tá novo e deitam um ao lado do outro. Beijo de boa-noite, vamos dormir. Ou então, se o casal tem disposição, condicionamento e tesão, eles fazem um amorzinho gostoso e fica tudo bem. Se o relacionamento for bem aberto mesmo, escancarado e sem o menor verniz a coisa vira um tricô. Posições, gemidos, sussurros, arranhões, puxões de cabelo e tapinhas na bunda, revelações. Quer ir mais além? Volta para a metade do parágrafo: você e seu par se amam, o sexo é ótimo, vocês se respeitam e querem dividir os sonhos. Que gostosura, não? Eis que vocês, apesar do sexo ótimo e vamos frisar o sexo ótimo, querem dar uma apimentada (eu acho horrível essa expressão) na relação. Amorzinho, faz assim: podemos chamar a Fulaninha, que pode ser nossa amiga ou uma Funcionária da Calçada ou o Beltraninho, que pode ser teu ex-colega-de-campeonato-de-carrinho-de-rolimã ou um michê tri gostoso, tchê e então o *ménage* tá garantido. Também pode virar uma Grande Homenagem, o quatrilho, suruba total, chama a funcionária e o michê e a gente faz um troca-troca.

Pitty e Brasil, preciso falar: não tenho estômago para esse tipo de coisa. Vamos deixar claro que uma coisa é fantasia, filme, imaginação. Outra, bem diferente, é a realidade, uma terceira, quarta, quinta e sexta pessoa, pessoas, multidão. Relacionamento, para mim, é fechado, dois, dupla, homem e mulher. Eu tenho muitos amigos gays, respeito, me divirto, são ótimos amigos. Não tenho nada contra, mas meu negócio não é esse, Não Trabalhamos Com Gente Do Mesmo Sexo. Cumplicidade e intimidade, então, é não sentir o menor ciúme se o namorado come uma mulher nas suas costas ou na sua frente – e ainda te chama para participar? Desculpa, então não sou íntima nem cúmplice do meu namorado. Sexo é coisa séria. Tudo bem que tem gente que acha que é brincadeira, as do funk vão para os bailes de saia curtérrima e uhu, moçada, pode vir! Respeito quem acha bacana abrir as pernas com a mesma naturalidade com que eu faço escova no cabelo. Só não me peça para achar normal. Eu sou anormal mesmo, sexo é dois, amor é dois, um anda no colo do outro e não vejo o menor sentido em homem que paga mulher para transar. Certas coisas não entendo, me sinto deslocada na maior parte do tempo. O amor é livre, as pessoas se unem porque querem. Sabe aquele papo "a gente não se separa por causa das crianças"? Não acredito, filho algum segura casamentos de qualquer espécie. Duas pessoas permanecem juntas por interesse, seja ele qual for. Amor, sintonia, falta de opção, vai saber. Tem gente que morre de medo da solidão, pessoas bobas, a solidão de alguma forma sempre acompanha a gente, ela mora no nosso sótão, por favor, não faça barulho. Amor é liberdade e é justamente a liberdade que deixa as pessoas com ar. Acho estranha uma relação aberta e livre. Liberdade no relacionamento não é todo mundo trepar com todo mundo. Liberdade é além do sexo, além do carinho, além de tudo. A liberdade você só conquista amando. Não creio que você não sinta uma miniponta de ciúme se o namorado come a vizinha de vez em quando. Em algum momento você vai se perguntar se ele prefere ela ou se ele não é feliz com você. Em algum momento você vai se perguntar se a cara que ele está fazendo enquanto goza é a cara preferida dela. Em algum momento, acredite em mim, você vai se questionar se ele bate punheta pensando nela. Cada um com a sua preferência, só não venha dizer que está tudo bem, que é natural. Natural é a fidelidade, é beijar uma boca, transar com uma pessoa, amar um só – ou deveria ser. Nisso sim eu acredito, cara Pitty. E se é para botar as cartas na mesa, vamos lá: me incomoda sim saber que o "meu parceiro" (que coisa cafona) pode sentir desejo por outra pessoa. Não quero que me inclua na empreitada, quero que não sinta. Porque mulher é assim: quer ser única até o fim.

Apenas mais uma sobre a queda

(Para ler tentando fazer o quatro.)

Eu era pequena, minhas bochechas tinham sardas, fazia sol e eu estava aprendendo a andar de bicicleta. Cresci, meu rosto inteiro é sardento, a tarde está com cara de chuva e sei andar de bicicleta (apesar de não ter uma). As coisas mudam, mas aquilo que dizem tal-coisa-é-como-andar-de-bicicleta-a-gente-nunca-esquece é uma das grandes verdades que existem na vida.

Era 1987, final de uma manhã um pouco quente. Eu lembro direito, como se fosse ontem. Eu, meu pai, meu irmão e uma bicicleta sem rodinhas. Aquele era o dia de ser grande, o dia de experimentar a bici sem as rodas, sem apoio, ficar solta na vida. Subi na bicicleta que era do meu irmão e tinha rodas cor de barro, senti o vento (de mãos dadas com a alegria) batendo no rosto, meu irmão atento filmava tudo com os olhos. Pai-me-segura-me-segura. Filha-te-seguro-te-seguro.

Você sabe que não é de uma hora para a outra que aprendemos a ter equilíbrio. Primeiro andamos com rodinhas. Depois chega o Dia Sem Rodas. Algum adulto dá o suporte técnico e só depois de muita confiança e fé em todos os santos é que você vai sozinho. Mas esqueceram de contar isso para o meu pai. Ele me segurou, eu sei. Na primeira, na segunda e na terceira vez.

Eu estava feliz com o meu vem-e-vai-bicicleteiro. A grama verde, a rua calma, eu aprendendo sobre a vida. Olhei para trás, procurei as mãos, os olhos, o suporte bicicletístico paizal e não encontrei nada, nada, a não ser o chão, a calçada, um joelho ralado e um monte de lágrimas. Como assim, pai? Eu sei, hoje eu sei. Às vezes quando a coisa fica cinza apelo para a Nossa Senhora do Quatro, Nossa Senhora da Balança, Nossa Senhora da Bici. É uma tentativa de me manter equilibrada.

Preciso dizer, pai, que entendo o que você quis me ensinar naquele fim de manhã em que tiramos as rodinhas pela primeira vez. Aquele final de manhã que, ao te procurar, me esqueci de mim. Às vezes a gente precisa aprender a pedalar com as próprias pernas. Hoje, muitos anos depois, posso dizer que aprendi. Aproveito e te peço para ficar sempre por perto: posso precisar de você para limpar os machucados dos meus joelhos. É que cair dói, pai.

Mudança de autoestima

(Coloque "If You Leave Me Now",
do Chicago, no *repeat*.)

De acordo com a nova ortografia brasileira, autoestima agora é sem aquele tracinho que separa uma palavra da outra, o famoso hífen. Alguém esqueceu de avisar para a minha, pois a pobre continua separada, desquitada, largada. E dividida. Autoestima é que nem a Bolsa de Valores: tem períodos de alta e baixa. E você não pode fazer nada, a não ser torcer para que a maré ruim passe logo. Porque quando a maré é boa, você aproveita a imagem que vê na frente do espelho, sem preocupações. Como diriam os colunistas sociais, você é "toda sorrisos".

Como tudo tem dois lados, o inverso do sorriso é o quê? Muito bem, resposta certa. Quando tudo vai bem, tudo vai bem. Se a sua autoestima sem hífen está nas alturas nada te abala, você cantarola, dá de ombros para as vibrações negativas e segue em frente. Aquele papo todo de que a beleza vem de dentro não é bla-bla-blá não, é a mais pura verdade. Já o ditadinho "a beleza está nos olhos de quem vê", desculpa, tenho certeza que foi um feio que disse. O jeito que você se sente interfere na sua forma de andar, jeito de falar, a maneira como se posiciona, cruza as pernas, ajeita os ombros. Se o cabelo está em um dia ruim, observe, você mal toca nele. E se ele está em um dia de diva? Você joga para lá e para cá, morram de inveja atrizes de comerciais de máscaras capilares! Se você está se sentindo um trapo, quer mais é ficar na toca, na casca, enfiada em algum canto bem escondido para ninguém (por mais espertalhão que seja) encontrá-la. Ou encontrá-lo. Mania boba de achar que só as mulheres encrencam com o cabelo, a barriga ou a espinha horripilante que apareceu bem no centro da bochecha. Os homens também têm neuras e cuidados com a aparência, tanto é que o mercado de cosméticos masculino está expandindo. A quantidade de cirurgias plásticas em homens está numa crescente. Todo mundo quer ser bonito. Pena que nem sempre a autoestima deixa.

A autoestima pode ser a sua melhor amiga ou a grande vilã da paróquia. Ela pode ser a Nazaré, a Paola Bracho, a Flora do pedaço. Cutuca você até o fim. Te ameaça de morte. Te sequestra. Te dá um tiro. Te maltrata. Observe que quem está mal das pernas (leia-se: autoestima) caminha como se levasse o mundo nas costas. O mundo é pesado, suponho. A pessoa anda corcunda, constato. Quem está com a autoestima saracoteando bem serelepe caminha com segurança, passos curtos, corpo leve. A autoestima é o dispositivo que faz você ficar de bem ou de mal com a vida. Conhece o famoso cara de bunda, de quem comeu e não gostou? Todos os possuidores de caras do tipo devem estar em um Momento Autoestima Em Queda Livre.

A solução é pensar besteiras. Quando você pensa que o estoque acabou surge todo o seu potencial criativo-inventivo-imaginativo-idiotivo. Enxurrada de horror. Você fica enciumada com qualquer coisa que se movimente, ainda que a qualquer coisa em questão seja uma centopeia. Você acha a sua unha feia, o cabelo feio, os olhos feios, a boca feia, a coxa feia, os peitos feios, o dedão do pé feio, a orelha feia, a narina feia, a nádega direita feia, você é uma feia ambulante, ainda que não seja. Você pode ser elogiada, cantada, desejada e ainda assim se sente um traste, um lixo, uma coisa inclassificável. Motivos? Muitos. Má digestão, congestão nasal, sinusite, resfriado, dia ruim, ponta tripla no cabelo, qualquer coisa é o *start* para o momento que passou a ser Movimento Autoestima Em Queda Livre Sem Colchão Para Esperar Lá Embaixo. Tragédia. O emprego pode ir mal, surgiu uma ruga perto da sua boca, você quebrou o cotovelo, o cachorro destruiu o sofá, você engordou cinco quilos. Não importa a causa, importa é o fato: a autoestima pegou as malas e decidiu sair de casa. Se mudou para uma cidade que você mal sabe a localização no mapa. Está morando em um lugar que você não tem o endereço, portanto, as correspondências vão acumular na mesinha de entrada. A autoestima quis se separar de você.

O processo é quase patológico-doentio-preciso-urgente-de-um-psiquiatra-sim-psiquiatra-porque-psicólogo-é-para-criancinha-neste-caso. Tratamos aqui de um problema de gente grande. Com a autoestima lá no subsolo, todas as mulheres do mundo parecem mais interessantes que você, inclusive a mendiga da rua ao lado, aquela que sorri um sorriso vazio, sem nenhum dentinho para dar um *hello*. É só ela aparecer de top e short-me-come-de-uma-vez-seu-bundão que você pede para morrer. Uma moçoila atravessa a rua e você segue os olhos do seu marido só para ver se por acaso ele vai dar uma viradinha no pescoço para acompanhar o balancê-balancê dela. O maridão encontra a amiga de infância na loja de conveniência e você observa o jeito que ele a abraça e a maneira como se comporta, à procura de algum indício. Você, que antes era tão segura de si e que tinha a consciência de que é um mulherão. Nessas horas não adianta ser mulherão, mulherzinha, mulher, pois você fica neurótica, paranoica, pirada. Tudo culpa dela, a melequenta que foi embora! É a mulher da revista, do filme, da história em quadrinhos, da Embratel, do comercial. É a vizinha, prima, amiga, qualquer uma, até a mais lambisgoia do mundo. Você sabe que a outra é feia, mas você tem noção que a outra é mulher e mulher quando quer... você sabe, coloca a roupinha te-peguei-meu-rei e vai embora. O medo é que na ida ela leve junto o que você chamava de seu (por mais que o Seu demonstre amor-carinho-respeito-tesão-paixão e tome boas doses de paciência diárias). Se bem que a autoestima você também chamava de sua, certo? E agora? Procura-se a Autoestima Desesperadamente.

Ideias surgem. Anúncio no jornal, outdoor, folder, banner, qualquer coisa. Será que ela volta atrás? Do jeito que ela saiu por aquela porta, sei não... Será que volta? Você sabe que ela precisa voltar. É para a sua sobrevivência. A sua mente trabalha vinte e quatro horas e meia por dia, você pensa em mil situações, relembra fatos antigos, coloca um curry na imaginação, se maltrata mentalmente, se sente abaixo do fiofó do vira-lata. Vira-lata agora é sem hífen? Só o que falta até o vira-lata querer se separar de você. Aí sim você se joga no meio da rua. Com razão. E a autoestima que fique com a TV, os eletrodomésticos, o tapete marroquino e as contas para pagar. Quem mandou querer se separar de você e se juntar com outra pessoa?

A fechadura de português

Por trás do que acontecia, eu redescobria magias sem susto algum. E de repente me sentia protegido, você sabe como: a vida toda, esses pedacinhos desconexos, se armavam de outro jeito, fazendo sentido. Nada de mal me aconteceria, tinha certeza, enquanto estivesse dentro do campo magnético daquela outra pessoa. Os olhos da outra pessoa me olhavam e me reconheciam como outra pessoa, e suavemente faziam perguntas, investigavam terrenos: ah você não come açúcar, ah você não bebe uísque, ah você é do signo de Libra.

Caio Fernando Abreu

Uma noite normal ou mais uma, tanto faz. Era para ser isso. *Era*, eu digo, porque *não foi*. Mas isso eu nem preciso dizer, *você sabe*. E você sabe tanto e tantas coisas que de vez em quando fico sorrindo pensando se eu sei tanto assim de mim. Eu escrevi para você e disse que esse seu saber exagerado sobre as minhas coisas e reações e atitudes e pensamentos secretos não me espantam, pelo contrário, me tranquilizam. Porque é você. Se fosse outra pessoa talvez eu sentisse o inexplicável, mas é tudo tão fácil de explicar e sentir e perceber que eu nem preciso falar, você completa as minhas frases, além dos meus dias.

Ontem eu girei a chave na fechadura de Portugal e entrei no apartamento que estava escuro. Abri as janelas, liguei as luzes, fiz barulho, procurei alguma coisa que desse a entender que a qualquer hora você giraria a chave na fechadura de Portugal e entraria por aquela porta, sorrindo como sempre. Oi, amor, cheguei. Não amor, você não chegou. Os minutos meio arrastados e cansados do dia já estavam sentados no sofá esperando a novela das oito começar. Eu já estava exausta depois da garrafa de vinho e do *pocket show* que eu dei para ninguém, a colher de pau que virou microfone estava na frente do porta-retratos com aquela nossa foto preferida e eu estava procurando pelo corredor algum vestígio do seu perfume. Procurei pelos cantos e nos lençóis, no travesseiro, na toalha, em frestas que garanto que nem você sabe que têm. Tentei achar uma jaqueta pendurada na cadeira, seu tênis espalhado pela sala, os 29 copos que você suja e deixa dentro da pia, resíduos de pasta de dente no banheiro, roupas aglomeradas em cima da cama. Nada. Lembrei das minhas reclamações domésticas e juro que senti falta da pia cheia de louça de três dias, um mês. Peguei a correspondência e, de alguma maneira, aquilo era você. Eu li o seu nome e chorei ali mesmo, no corredor, girando a chave na porta, não, dessa vez não foi na fechadura de Portugal, você sabe que aquela só é usada quando alguém viaja ou passa o dia fora. Mas eu sentia que você ia chegar. Era para você ter chegado, que nem nos filmes. A mocinha deitada, melancolicamente bêbada, abraçada em um travesseiro pensando no amado. É *exatamente* quando a lágrima está caindo que o mocinho invade o recinto com aquela cara de não-sofra-estou-aqui. A lágrima caiu, a irmã da lágrima também caiu, a mãe, a tia, a prima, a bisavó, toda a família L. Nada.

Fiquei lembrando daquele dia que estava chovendo. Aquele dia que você ia embora. Não, não é tão longe, mas parecia outro planeta. Eu estava chorando com a cabeça escondida no seu peito, você sabe que gosto de me esconder nos seus abraços. Eles são os melhores que eu já recebi e quando moro temporariamente ali me sinto segura, parece que nada me atinge, tudo tem solução, saída, remédio, refúgio eterno. Eu estava lá na minha casa temporária e você fez aquele gesto de sempre, segurou o meu rosto devagar e disse olha-pra-mim. E eu olhei com cara de choro e você me olhou um olhar tão lá dentro, no fundo, tão seu, tão meu e disse não-chora-meu-amor. E eu chorei mais porque foi tão bonito e chorei mais porque eu já estava chorando e te abracei bem forte e tão forte e tão forte que pensei que ia te esmagar. Eu adoro quando você pega o meu rosto daquele jeito e diz com aquela voz olha-pra-mim. Olho, olho sempre. Olho mesmo quando você nem sabe. Olho a todo instante. Na verdade, eu nem me canso de olhar, parece que olho para você e olho para mim e olho para nós, a gente é mesmo tudo isso. E quando você me segura e te olho fundo e vejo todo aquele brilho que tem no seu olho eu penso que sim, quero ser tua para sempre.

Demorei para dormir, eu e todas as lembranças. A gente não chora só por quem já partiu ou por quem não vai mais voltar. A gente também chora de saudade; por um sentimento bom. A gente também chora lembrando da vez que quebrou uma taça, de quando dançou na sala, dos filmes que viu, das músicas que ouviu, da comida que deixou queimar. Não acredito em promessas de amor, em palavras que se perdem quando a janela é aberta. Acredito na coisa viva, no gesto de cada manhã. Acordei a noite toda, senti a sua falta, a cama era grande demais, o vazio era grande demais, a saudade era grande demais. E me senti pequena demais para tanto sentimento. Pensei nos últimos dias, foram difíceis. Sei que você estava comigo, mesmo longe. Sei que estamos sempre juntos, independente da distância. Mas senti a sua falta. Falta de morar no abraço, da gente se perder no silêncio, da sua presença. Se me perguntassem em que lugar eu quero morar eu com certeza diria que é dentro do teu abraço. Não existe lugar mais confortável, quente, cheiroso e acolhedor. E eu me sinto segura, em paz, protegida, sem medo. Deve ser por isso que gosto tanto de colocar a cabeça lá dentro e ficar bem quietinha. Dessa forma ninguém me acha, a não ser quem efetivamente precisa me encontrar. Mas essa pessoa, bem, ela nunca, nunca me perde.

Coisas da gaveta

(É que de vez em quando o pensamento
vai longe – viaja rumo ao infinito – e a gente
se pergunta: qual é o destino de tudo?)

Cadê eu no meio disso tudo?, perguntei. Às vezes você dá de cara com situações fora do padrão e, em vez de fingir que não conhece e seguir a passo, para e começa o tricô. Você e essa mania de querer ser simpática, isso vai acabar te matando! Quando eu era menor que o mundo a mamãe dizia para não falar com estranhos. Acho que ela me colocaria de castigo se soubesse que eu paro para conversar – como se fosse velha conhecida – com um alguém que eu dei de cara em uma rua qualquer. Faça-me o favor! Agora sou grande e, sabe, dentro de mim cabe o mundo.

O problema, você sabe que sempre tem um, é que dentro do mundo tem muita coisa que não presta. Se o mundo cabe em mim e dentro dele tem muito lixo, logo, dentro de mim tem o DMLU (Departamento Municipal de Limpeza Urbana) inteiro! Antes que eu pareça maluca ou fique confuso, me calo. Nem sempre é bom falar, aprendi dia desses. A gente acha que é sincera falando tudo e quando vai ver, ferrou. Guarda as palavras na boca, menina. O silêncio vale ouro, vovó dizia. Vale, vovó. Vale mesmo. Só que nada fica engasgado aqui, e a menina tem uma mania de simpatia e sinceridade exacerbadas que vou te contar. Tudo depende do dia, pois a menina também acorda como quem chupou uma dúzia de limões. Em suma, a menina anda de montanha-russa. Ninguém é obrigado a entrar no brinquedo junto, mas quem tá na chuva é pra se molhar, dizem os antigos. E a menina o que diz? Ai, desculpa, fiz merda de novo, mas juro que não quero ser assim.

Uma vez eu tive uma ideia estapafúrdia, queria alugar meu corpo. Antes que você pense que cogitei entrar no meretrício, nada disso, explico: vezenquando canso da minha cara e quero me dar férias. Me perco no meio de tudo e acho que a melhor saída é juntar meia dúzia de trapinhos e colocar o pé no mundo. Os problemas vão junto, disseram. Ah, Deus meu, é melhor ser problemática em Paris do que em Porto Alegre, no verão, derretendo e sentindo a pressão ir para o beleléu. Me canso no meio de tudo, dá vontade de passar uns dias fora de mim, dar um rolé, um giro, sei lá. Alugar meu corpo para outra pessoa que, quem sabe, também estará cansada ou perdida. Sei que a ideia é inviável, mas ninguém me impede de fazer planos que nunca se concretizarão.

Tenho medo de quem se aguenta sem trema o tempo inteiro. Eu não me seguro sempre, assumo. Andei pensando no meu egoísmo, palavra feia essa. Morro de medo dela. E de mim, tenho medo de mim. Tenho medo porque um dia a gente acorda e não se reconhece mais. Às vezes você dá de cara com situações fora do padrão e, em vez de fingir que não conhece e seguir a passo, para e começa o tricô. Quando eu era menor que tudo e o que o mundo, minha mãe disse coisas sábias. Agora eu cresci, dentro de mim cabe o mundo inteiro e mais um pouco. Mundo de pernas pro ar e um punhado de gavetas em desordem. Tudo tem o seu preço, ninguém mandou eu começar a falar com estranhos.

Em caso de emergência, ligue 911

(Para ler com o telefone ao lado.)

Me senti ridícula. Ridícula, ridícula, ridícula. Tropecei no meio da rua, aliás, no meio da avenida. Você sabe que Avenida tem um peso, uma dimensão bem maior do que uma simples Ruazinha. Tropecei, me senti ridícula e, como todos os tropeçantes-tropeçados-tropeçadores do mundo, olhei para o ladinho bem discretamente, depois para trás, para a frente, visão completa, *check-in* no Mundo dos Envergonhados. Fiquei vermelha, tropeçada e ridícula. Mas segui adiante, teria continuado de cabeça erguida não fosse pelo fator principal de toda a minha agonia: tropecei exatamente no mesmo lugar na semana passada.

Ridícula, ridícula, ridícula. Você já tropeçou, sei que sim, então sabe do que falo. O ato de tropeçar nos causa algumas reações não planejadas: riso, vergonha, vontade de enfiar a cara em algum buraco, vontade de apertar em um botão só para caminhar mais e mais rápido e sair correndo dali, dali daquele lugar em que todos estavam te olhando, analisando cada passo e rindo da sua cara só porque você ridiculamente tropeçou em uma pedra que estava ali, bem ali, esperando qualquer coisa, ainda que a coisa fosse você. Você, seu riso, sua vergonha, sua vontade de sumir, seu desejo de andar muito rápido e entrar em qualquer esconderijo para ninguém mais te ver, sair do campo visual de quem olhou, riu, achou graça, gozou. Falo do riso porque quando vejo alguém tropeçando começo a rir. Es-can-da-lo-sa-men-te. Não me seguro. Só não dou risada quando é velhinho-velhinha-vovô-vovó, do contrário, viro uma hiena faceira que ganhou na Loto.

Pensei nos meus tropeços. É melhor tropeçar ou cair? Caindo a gente corre o risco de se machucar, sair sangue do nariz, ralar o joelho, rasgar a calça, quebrar o salto, perder o brinco, rachar o relógio de estimação. A gente também pode, quando a queda é de natureza grave, quebrar um braço, perna, sei lá. A queda pode ocasionar cortes, vai que a gente cai em cima de algum caco de vidro? Já no tropeço o máximo que ocorre é um tornozelo torcido e olhe lá. O tropeço seria um susto, um aviso. Cuidado, você pode cair. Devagar, se continuar nesse ritmo você vai se esborrachar. Há quem diminua o passo, reduza a marcha. Há quem siga a toda, sem pisar no freio, olhar para os lados, ver se o sinal está mesmo verde. Bum! Oh, oh, foi mal.

Quando eu tinha dois ou três aninhos a minha mãe me mandava tomar cuidado. Ela era a Mãe Dinah dos Meus Tropeços (alguém me explica a vidência das mães?!?). Eu cresci, aprendi a pilotar a vida (nem tão bem assim, pois sou meio cafona), mas às vezes saio da pista. Ainda bem que existe seguro, ainda que divino. Nem sei se acredito muito nisso, mas vá lá: não gosto de tropeçar! Me sinto ridícula, ridícula, ridícula. Prefiro cair, ainda que me estatele bem linda no meio do paralelepípedo. Já me estatelei, bem linda e sem dublê. Junta aquela gente em volta, burburinho total, ninguém para ajudar, pois brasileiro gosta mesmo é da desgraça alheia, de sentir pena, de fazer ajuntamento e dizer olha-coitada-caiu-e-se-fodeu-todinha-da-Silva. Não gosto de tropeçar, me sinto boba e burra e desastrada e inútil e humilhada e envergonhada e última no mundo. Sim, pois só a última no mundo tropeça duas vezes no mesmo ponto (quem disse que um raio não cai duas vezes no mesmo lugar, hein?). Tropeço gera constrangimento. Por causa dos outros e, principalmente, de si mesmo. Já percebeu que a primeira coisa a ser feita, logo após o tropeço e a cara de ui-tropecei-será-que-alguém-viu, é olhar para os lados, procurando milhares de olhos? A gente tropeça e automaticamente olha para os outros, em busca da certificação: quem acompanhou meu passo torto? Mais uma prova de que, antes de nos preocuparmos com nós mesmos, nos importamos – e muito – com a nossa imagem. O que vão pensar de mim, a Tropeçadora da Rua?

Prefiro cair, mesmo porque eu gosto é do fuzuê. Um tropeção não dá ibope, já uma caidinha básica, pensa bem, pode ter fratura exposta, curativos etc., etc. e toda a família Etc. e Tal. Perguntas, respostas, histórias, causos. Eu, como boa contadora de histórias, gosto muito do agito. A veia mexicana é aparente e, como sou branca e bem branca, a veia verde mexicana vive aparecendo. Todo mundo vê. Prefiro cair, com tropeços não aprendo. Aprendo com quedas, por isso sou cheia de cicatrizes: ao levar um tombo, marcas se criam automaticamente. Quando você cai pode ter sorte e sair só com um arranhão. Ou pode ter azar e se cortar. Pode ter mais azar ainda e o corte inflamar, encher de pus e outras nojeiras, infecções. O tratamento pode ser lento, o uso de antibióticos pode se fazer necessário. Injeções também não estão descartadas, muito menos alguma cirurgia de emergência.

A cicatriz é inevitável, aparente, mostra que algum dia uma ferida nasceu, cresceu, amadureceu, morreu e deixou aquela lembrança no corpo, na memória. Gosto de cicatrizes, elas não são feias. Cicatrizes são um marco, marca, etapa. Cicatrizes podem até deixar alguma saudade. Podem queimar, arder, latejar em dias de chuva. Cicatrizes podem aparecer só por baixo da roupa – ou por cima. Cicatrizes podem se esconder atrás de base, pó, iluminador. Cicatrizes, de cara lavada e alma limpa, sempre aparecem, não há como escondê-las de ninguém, nem do próprio espelho. Não é preciso ter medo de encarar de frente cada cicatriz, sem pensar em retocar ou disfarçar. Cicatriz não é imperfeição, é uma prova do passado, é o passado tatuado. Cicatrizes nos fazem mais fortes, são o nosso Banco de Dados, nosso Arquivo Pessoal, nosso Histórico, nosso Currículo. Eu adoro cair e cuido bem das minhas cicatrizes, até convido para um chá das cinco – com Negresco. As quedas me ensinam mais do que os tropeços, preciso do Processo Espatifatório De Cara Na Chón para aprender. Independentemente disso, continuo tropeçando em mim mesma. Todos os dias.

Quietude

O amor nunca morre de morte natural. Ele morre porque nós não sabemos como renovar a sua fonte. Morre de cegueira e dos erros e das traições. Morre de doença e das feridas; morre de exaustão, das devastações, da falta de brilho.
Anaïs Nin

É lógico que eu tenho um lado mulherzinha. Talvez até o lado mulherzinha seja predominante, vai saber. Digo que não faço a menor ideia. A gente tem tanta coisa por dentro que fica difícil tentar entender. "*O amor nunca morre de morte natural*", é verdade. A morte é súbita; às vezes ele morre de fome, vez ou outra vai parar na UTI, estado grave, em outras ele é pego por qualquer doença mesquinha que se torna desgraçada a ponto de nos deixar um farrapo humano, quase um vegetal, sem vida, com palidez e pena. A última, para mim, é o pior sentimento que existe. Prefiro até a indiferença, mas pena não. Pena só de algum passarinho que, sem querer, bateu no vidro da janela, titubeou, foi-se embora e deixou de recordação uma miniparte. Talvez para nos fazer lembrar que a pena existe. Pobre do passarinho, será que machucou, será que quebrou a pata, será que saiu voando e lá na frente se estatelou de novo?

O amor precisa tomar sol, arejar, tirar o mofo. Vezenquando precisa ser pintado, polido, tem que passar cera. Dá para engomar, se bem que odeio coisa engomadinha. O amor amarrota, mas as camisas também – e nem por isso deixamos de usá-las. Ele precisa sentir o vento na cara, por mais forte que seja, mesmo que enrede os cabelos. Ele nem sempre é certo e pode apostar: muitas vezes o amor é labirinto. A gente anda em círculos, se perde, vai para um lado, outro, cadê, e agora, o que eu faço, me perdi, alguém ajuda. Ninguém ajuda, mas ninguém ama sozinho. E isso eu demorei para descobrir.

Balela. Aquele papo todo era balela. *Antes de amar alguém se ame primeiro.* Que bobagem, eu pensava. Eu me amava, ora bolas, me amo, ora bolas. O amor-próprio também precisa ser colocado na máquina de lavar. Ariel, amaciante, tira manchas. Centrifuga e coloca na secadora. Não, na secadora não, algumas coisas encolhem e você sabe: o amor-próprio jamais pode encolher. Estende no varal, espera secar, pode passar ou não, depende do tipo de amor, mas coloca de volta no corpo, alguns se ajustam, outros ficam estranhos e precisam do ferro. A gente tem que se autochacoalhar, em vez de se autochacotar. Digo isso porque temos a confusa mania de arrumar para nós mesmos complicações emocionais. Você vira o motivo de chacota do espelho, rá, bobalhona. Então, por proteção, passa a não se olhar mais. Só que chega um dia em que uma luz roxa lilás azulada sei lá que cor, mas é tudo meio parecido, começa a piscar e piscar e piscar mais forte e mais intensamente e você para e pensa epa, o que está acontecendo na minha vida? É o amor por você mesma que está ficando desnutrido.

Há algum tempo atrás – e eu acredito que isso *já aconteceu com você, afinal todas as mulheres têm momentos mulherzinha, que são repletos de chiliques e perturbações profundas e existenciais que beiram o suicídio em uma banheira cheia de pétalas de rosas e espumas coloridas, sim, queremos morrer com classe e perfumadas* – o que eu mais queria era uma vida amorosa estável, feliz, madura e com finais de semana sossegados. O que eu tinha era uma vida amorosa instável, infeliz, infantil e com finais de semana que alternavam entre saídas com amigas para esquecer o filho da puta da vez e saídas que eram idas ao banheiro para vomitar, devido ao excesso de vodca. Eu até me divertia, mas passava mais tempo me iludindo do que vivendo. É aquela velha história: a gente pinta o sujeito com as cores que acha mais bonitas e atraentes. Um dia vem alguém e suja a parede de barro, então mandamos lavar. Quando o barro sai as cores acabam saindo junto. Sobra o cimento e os tijolos, sem tinta, sem cor. Fui eu que me enganei e imaginei loucuras ou o sujeito que era um sem gracinha cretino que fingia bem? É a pergunta que sobrevoa as pobres cabeças, sejam elas loiras, morenas, ruivas ou castanhas. Eu pensava que a partir do momento em que tivesse uma vida amorosa nos eixos tudo estaria lindo e belo e feliz e meu Deus que coisa boa e gostosa, era tudo o que eu queria.

Hoje eu posso dizer (mesmo porque não acredito nessa coisa de inveja e olho gordo e o escambau e pragas e vudus e macumbas e mandingas e coisas feitas e infelizes não me atingem) que a minha vida amorosa é o máximo. De verdade, sem florear as coisas. Meu namorado é um cara fabuloso, inteligente, tem bom senso, é carinhoso, paciente, lembra datas, tem um olho lindo de morrer, é lindo de morrer, cozinha bem, me escreve coisas lindas, tem o melhor abraço do mundo. Sem contar que ele me cuida quando estou doente, me dá a mão quando tenho medo e, de quebra, é bom de cama. Melhor, impossível. Acho que você entendeu a série de razões que fazem com que a minha vida amorosa seja realmente o máximo. Não quis me exibir, só fazer uma demonstração clara de que nada disso é garantia de felicidade total. Você tem que ser e estar e permanecer feliz com *você mesma*.

Eu explico: estamos sempre em busca de algo. Uma coisa ou outra sempre vai nos inquietar. Sou inquieta por natureza. Mas achava que a falta de quietude vinha de sucessivas quedas emotivas-sentimentais-amorosas-paixonísticas. Na verdade, o meu amor fica exausto. Falo do meu amor por mim. Ele precisa de massagem, óleo, alguns dias num spa bem bonito para relaxar e esquecer que nem tudo é fácil. Ganha aqui, não ganha ali, é assim.

Uma coisa é certa: a gente vai viver buscando, por mais feliz que esteja. A outra coisa certa é que ainda bem que é assim. A vida não teria graça se a gente não tivesse alguma meta. Os sonhos estão aí justamente para irmos atrás. Se ele fica na palma da mão deixa de ser sonho. E na vida o que nos move é isto: a vontade de melhorar a cada dia.

Tiazinha made in Paraguai

(Para ler ouvindo "You Can Leave Your Hat On",
Joe Cocker.)

Desculpa, não sei ser sexy. Na verdade nem sei direito o significado da palavra. Não, eu não nasci na Idade da Pedra. Existe uma diferença absurda entre sensualidade e vulgaridade. Atualmente a maior parte da população confunde os significados. E significantes, quem sabe?!? Tem gente que acha (e usa) saia-cinto sexy. Eu acho saia-cinto vulgar. Saia até a canela já atiça olhares e fiu-fius, imagina um cintinho preto? Tem gente que usa saia-cinto e blusa-sutiã e acha bonito. Eu acho que menos é mais. Se mostra as pernas não mostra o resto. Se mostra o resto não é necessário mostrar as pernas. Mas tem gente que acha bacana mostrar tudo. E o resto.

O mostra-mostra confunde e vira pescoços na rua. Falta um pouco de noção e pano nos corpos por aí. No mesmo Saco Do Vulgar E Sensual está o brega. Se você usa o que vou dizer no presente parágrafo, lamento, vou dizer assim mesmo. Acho brega calça jeans tô-quase-mostrando-a-periquita, marca de biquíni aparecendo, blusa afofando os peitos e fazendo os coitados darem saltos mortais. É um conjunto fácil de achar pela noite e pelo dia de todas as cidades: água oxigenada 30 volumes, bronzeamento artificial, jeans justo e tô-quase-mostrando-a-dita-cuja, marca do biquíni, blusa-salto-mortal-alguém-segura-que-estão-caindo. Ah, e barriga de fora. Eu acho uma breguice sem fim. E vulgar.

A sensualidade está lá dentro, bem como a vulgaridade. A diferença é que a sensualidade aparece na hora e na medida certas, enquanto a vulgaridade entra e sai a todo instante. Por quê? Simples: é impossível arrumar um esconderijo para ela. Quem é vulgar é vulgar e ponto. Não adianta rezar para a Santa Glorinha Kalil. Nem fazer curso de etiqueta por correspondência. Muito menos invocar o Mantra da Noção. Quem não tem fica sem. A vulgaridade está no gesto, na roupa, no comportamento, no jeito de andar, falar, ser, estar. Impossível se livrar ou safar-se dela.

Eu não sou vulgar, nem sensual, nem sexy. Não sei ser sexy. Sexy é a Angelina Jolie, que nem precisa abrir a boca para atrair olhares de homens e despertar a admiração das mulheres (e a inveja também, vai ser bonita assim no Alasca!). De cabelo sujo ela é linda, com olheiras ela é linda, grávida ela estava linda, ao lado do Brad Pitt fica ainda mais linda, com bafo de manhã ele deve achá-la linda e eles devem dar aquele beijo de cinema, afinal, lá na tela ninguém tem bafo amanhecido, Colgate pra quê? Com ramela-remela-nunca-sei-como-escreve-isso-sei-que-é-um-nojinho ela é linda. De calça de abrigo rasgada e camiseta manchada ela deve ser linda. Se eu apareço assim na janela devem pensar que sou a Diarista, a Faxineira ou a Babá do Cachorro. Já ela é poderosa de qualquer jeito.

Outro dia disseram que eu era um mulherão. Valeu, obrigada. Mas não sou mulherão, não. Tudo bem, meu pé não é de donzela chinesa e não sou anã de jardim. É que mulherão, penso eu, é a Pamela Anderson, não sou gostosona que nem ela. Na verdade, eu vou contar um segredo: não sei ser assim. Tem gente que usa cinta-liga, espartilho, lingerie de renda francesa. Acho tudo muito bonito, muito estiloso, muito sensual, muito nada-a-minha-cara. Renda me dá alergia, fico toda embolotada, juro. Gosto de calcinha de algodão. De preferência aquelas mais velhinhas, sabe? Que já têm toda uma geração de bolinhas que vêm de brinde, porque a roupa é lavada na máquina. Gosto também daquelas com desenhos e frases, tipo "*be happy*". Com bonequinha e glitter. Por isso não sou mulherão, mulheronas não fazem isso. E eu tenho cara de criança, voz de criança. E gosto de coisa que criança gosta, inclusive de fazer arte.

Essa coisa de *baby-doll* também não é comigo. Prefiro pijama de algodão. Pijamas coloridos de quem se esqueceu de crescer. Ursinho, florzinha, frutinha. Falando em urso, me lembrei de outra coisa. Fantasia de empregadinha, enfermeira, coelhinha, zebrinha, oncinha, avestruzinha e todo o zoológico, me desculpa, não é comigo. Nada disso é comigo. Eu me sentiria ridícula vestindo um pedaço do zoo. Além disso, não tenho a menor vocação para Macaca Chita.

Chicotinho e Máscara da Tiazinha? Cada um faz o que bem entende, mas não gosto. Não é comigo. Minha frase do dia: não é comigo. Acho que se algum dia eu fizer um *strip* vou ter uma síncope. É evidente que não vou conseguir me concentrar e vou cair na gargalhada. Não sei fazer cara de sou-mulher-fatal-vamp-gostosa-e-abalo-Bangu. Essas caras e bocas acho que ficam bem nas atrizes de filme pornô. E só. Fora da tela, adivinha? Não é comigo.

Gosto de coisa rosa e meus pijamas são meio furados, explico o motivo: adoro ficar de pijama, acho uma coisa realmente deliciosa. Uso, uso, uso, vou usando e gosto de alguns específicos. Uma hora fura. E é a coisa mais confortável do mundo. Tem homem que gosta de transar com a mulher de salto alto. Vou contar uma coisa: há algum tempo atrás eu era uma perua muito chata. Para ir na padaria eu ia de salto, para comprar a ração do peixe eu ia de botas. Me maquiava todo o santo dia. Um saco. Eu era um pé no saco. Um dia, encontrei a luz. Na verdade, um dia Buda atirou um All Star na minha cabeça, experimentei, gostei, não tirei. É a coisa mais confortável que já inventaram. Tenho de várias cores, é bom, obrigada, os dedinhos agradecem comovidos. Maquiagem todos os dias envelhece a pele mais cedo e você sabe: uma pele de vinte e oito anos não é mais tão macia e saudável quanto uma de vinte e sete. As coisas mudam, as pessoas idem.

Não sei ser sexy, não sei falar palavras picantes, não sei fazer aquele olho-uhu-que-tesão, não sei usar vestido sem calcinha e cruzar as pernas num ato instintivo selvagerístico como a Dona Stone. Desculpa. Acho muito forçado aqueles gritos, gemidos, sussurros; tudo o que beira o exagero é simplesmente exagero. Tem que fluir naturalmente. Sem acrobacias e performances no estilo Dona Saint, mesmo porque a profissional é ela, não eu. Não sei ser sexy, sei ser eu. É só o que ofereço. Eu, eu mesma e a falta do chicotinho.

Nosso amor de ontem

(Para ler ao som de "Menina veneno", do Ritchie.)

O ontem é uma pulga na orelha que coça até formar ferida. Eu deveria, poderia. Eu faria, queria. É ruim olhar para trás e perceber que a gente faria diferente. E acredite: sempre que olhamos para trás, por melhor que a coisa tenha sido conduzida, achamos que podia ter sido melhor. Pelo menos os perfeccionistas são assim, ou seja, eu.

De vez em quando parece que a vida é uma prova, preciso tirar a nota máxima e passar de ano sem pegar recuperação. Nada de aulas particulares, noites em claro debruçada em livros: todo mundo quer um dez, sem esforço, é só usar o Poder do Plim e tudo se resolve. O Poder do Plim, para quem não sabe, é o poder da varinha mágica: aquela varinha bonita com uma estrela colorida e cheia de glitter na ponta que faz Plim, pronto, suas aflições não mais existem. Só que tudo exige suor, ginástica cerebral, musculação neuronial. E você só entende e aceita isso quando cresce. Olhando para o passado me dou conta que não precisava ter me estressado tanto com coisas inúteis. Sempre tive quem me explicasse isso. Minha mãe, apesar de ser extremamente estressada, diz quase diariamente que eu arrumo problemas. Eu arrumo mesmo, assumidamente. Quando a minha vida está *free*, trânsito livre, eu invento um congestionamento. Buzinas tocam sem parar, gente mal-educada coloca a cabeça para fora da janela e fala obscenidades. Eu podia ter sido menos impulsiva, menos dramática, menos emotiva, menos chorona, menos infantil, menos preguiçosa. Eu podia ter pecado menos. Podia ter deixado para trás todo o lema da sociedade absurda em que vivemos: tem-que-ser-tem-que-ter-tem-que-fazer. As pessoas fazem sem vontade. E eu gosto é de saborear a vida.

A gente tem que rir. Tem que ir. Tem que maneirar o palavrão. Tem que sentar de perna fechada quando está de saia. Tem que falar baixo em hospitais, restaurantes, cinema, no meio da rua. Tem que rir baixo. Tem que acertar. Tem que escrever texto bonito. Tem que fazer um bom título. Tem que ser amiga. Tem que estar disposta. Tem que ser boa filha. Tem que ser boa irmã. Tem que engolir sapos. Tem que ser uma boa namorada. Tem que levantar todo dia cedo. Tem que arrumar a casa. Tem que fazer escova. Tem que dar bom-dia. Tem que atender o telefone. Tem que levar o cachorro para passear. Tem que levar o filho para a escolinha. Tem que fazer o almoço. Tem que limpar os vidros. Tem que mandar o carro pra lavar. Tem que conversar com o vizinho no elevador. Tem que ir ao supermercado. Tem que ir ao banco. Tem que fazer as unhas. Tem que ir ao médico. Tem que fazer exames. Tem que se alimentar direito. Tem que passar protetor solar. Tem que tentar seguir os 10 mandamentos. Tem que cometer menos pecados capitais. Tem que... Porra, a gente tem que ser boa em tudo!

A vida é curta e intensa demais para tantas regras. Tudo nos é imposto. E para tudo a gente paga imposto. As pessoas não têm mais opinião, por isso elas andam cheias das citações. “Barack Obama disse que”, “A Fátima Bernardes falou no Jornal Nacional”, “O Lula deu uma declaração”. E o que você acha e pensa a respeito da vida? Por falta de leitura, excesso de televisão e conversas Big Brotherescas as pessoas esqueceram de tentar descobrir quem são. Eu assisto

Big Brother, vejo Jornal Nacional quando dá tempo, fico ligada nos jornais. Mas eu tenho opinião. Tenho que ter.

Mulheres adoram dizer que fazem o que querem, que conquistaram a tal liberdade sexual, mas ainda morrem de medo de levar o rótulo de vagabundas. Fulana é galinha, fácil, dá logo na primeira noite. Elas pagam as próprias contas, são donas do próprio nariz (plastificado ou não), têm a própria vida e individualidade, mas ainda assim se preocupam com o que os outros pensam a respeito delas. Ou de seus comportamentos. Vão se escondendo atrás de coisas que nem sabem direito o que são. Têm vergonha, pensam uma coisa e falam outra, puro medo do rótulo. O rótulo é uma maldição. Se você, um dia, ficar com dez mulheres em uma festa os seus amigos dirão que você é o pegador da turma. Mesmo que você nunca mais pegue nada, nem otite. Fulano é o fodão. Durma e acorde com isso, é a sua sina. Ninguém pensa que naquele dia o cara só estava querendo se divertir, era uma Noite Carnavalesca e nada mais.

Você tenta ser politicamente correto: separa o lixo, toma banho rápido, usa pouca água para lavar o carro, patati, patatá. Seja certo, apenas faça. Faça caridade, faça o seu trabalho, faça como todo mundo diz que tem que ser.

É difícil viver desse jeito, sem saber direito para qual lado ir e, ainda assim, apenas ir para onde todo mundo vai. Fila indiana, todos indo, fazendo, agindo, dizendo. Ninguém quer ser diferente. Ou então quer, mas aí botam pra quebrar: excessos. Tatuagens, cabelos pintados de verde, muitos anéis e roupas estranhas. Ou, ainda, o estilo eu-sou-moderno-e-não-ligo-pra-ninguém. Conheço gente que adora posar de moderna, tipo: sou *cult*, *cool* e todas as palavras que soam bem e começam com "c". Você é um cu, isso sim. Seja por ser, não seja para aparecer. Seja você, não seja para ser seguido. Se te seguirem, ótimo, mas não crie personagens só para ser lembrado em rodas e eventos sociais.

Hoje estou rebelde. Meu Dia Rebelde, com licença. Eu gostaria muito de estar em casa, sem roupa, com as janelas abertas, dançando sem música, com uma garrafa de qualquer coisa que desse um baratinho na mão, agora mesmo, nem são meio-dia ainda. Eu queria estar descabelada, de pé no chão, sem me preocupar com o que vão pensar, porque inevitavelmente, por mais seguro que você seja, você sempre se preocupa com o que acham. Blé para essa gente. Blé, blé, blé. Queria estar lá, na minha, esquecendo que existe o Lula, que o Inter fez 100 anos, que a crise está fodida, que existe corrupção, fome, miséria e televisão. Eu queria estar pelada vendo um bom filme, lendo um bom livro ou fazendo qualquer outra coisa boa, como escrever ou sexo, que é bom e todo mundo tem vergonha de dizer. E se diz, é tarado. Eu queria comer um ovo de Páscoa adiantado e inteiro e sem culpa. Queria mandar a vizinha tomar no rabo e parar de buzinar todo o santo dia de manhã. Queria dizer para algumas pessoas que elas são burras e vão morrer burras se continuarem a agir do modo que agem. Queria escrever uma carta para todo mundo que eu amo. Queria que as pessoas vivessem inteiras e não pela metade. Queria que elas sentissem e pensassem inteiro. E claro. Porque é difícil pensar claro, sentir claro, amar claro. Hoje eu queria simplesmente não fazer nada, não me preocupar com o que passou e com o que virá. Queria não me poupar da vida. Queria ser uma sem juízo. Queria esquecer que a gente tem que fazer, tem que ser, tem que ir. Por isso, Vida Minha, hoje eu quero ter amnésia. E um sofá bem fofo para assistir a todas as temporadas de *Sex and the City*, com Twix e qualquer bebidola para dar um barato. Pelada e sem culpa.

Mais uma de amor

(Para ler pensando em comprar uma nova televisão.)

De mais a mais, um dia a gente encontra. Descobre que amar é estar ao lado de quem nos faz esquecer as agonias diárias. Inesperadamente, estonteada, me redescobri quando te encontrei. E eu sabia que existia uma ansiedade obsessiva em parar de tatear, perder a pressa e afrouxar as cordas que me enforcavam. Isso só acontece quando você se depara com o que faz sentido.

Soa confuso, sabemos. Recuei, me assustei, um dia quis te convencer de que o amor não estava ali. É que ser feliz dá medo. Você é a minha palavra mais bonita. O verbo mais seguro. Meu amor com reticências. Um dia você vê a sua vida deitada ao lado de outra. Fecha os olhos sorrindo e pensa é-tudo-isso-que-eu-queria. Porque a gente nunca sabe ao certo o que quer, até estar ali naqueles braços. Então lá você se acha. E quando se acha quer se perder. Ficar ali, morar no abraço. Deitar no beijo. Descansar no som da voz. Contar as angústias para aquele Olhar Maracujina, aquele que acalma, traz conforto, paz, segurança. Olhar que traz vida. E faz você ser novo, outro.

Sabia pouco ou quase nada a respeito do amor. A gente sempre pensa que sabe. E que já sentiu. Até dar de cara com ele. Um amor de olhos verdes, os olhos que mais brilham no mundo inteiro, cílios compridamente belos. Um amor que deixa sempre um restinho de café ou chá na xícara. Que quando está concentrado faz biquinho. Um amor agitado, que sacode a perna o tempo inteiro. Que funga o nariz sem parar. Um amor que tem uma mão que sempre procura a sua. Braços que envolvem e aquecem, sem intervalos comerciais. Um amor completo, que vem com todos os acessórios e opcionais. Você acaba se sentindo milionária, apesar de ser uma pelada.

De mais a mais, um dia a gente se dá conta. Entende que não precisa mais buscar a perfeição. O amor, para ser legítimo e original (existem falsificações baratas por aí), é imperfeito. Seu quadro está aqui, inacabado. Peguei livros que ainda não devolvi. Mas acho que nem preciso, qualquer dia juntamos as nossas estantes, mesmo porque as nossas escovas de dente já estão num grude só. E você sabe que não tenho muita coisa, a não ser aquela TV 14 polegadas. E o som, que nem é meu, meu mesmo. Ganhei do meu irmão, é enorme e o toca-toca-dc-CD tá com defeito, mas a gente pode mandar arrumar. Pelo menos a TV tem controle remoto. E nem precisa de Bombril na antena.

Inversos

(Depois que terminar de ler, coloque uma rodela de pepino em cada olho, tome um *drink* e relaxe.)

Sou uma mulher de gostos e versos. Um pouco ladra, eu diria. Roubo histórias, bordo palavras, costuro sonhos, desato pensamentos. Coisas de quem escreve, encare assim. Quem fica ao meu redor tem que entender que, vez em sempre, algo será tomado para e por mim, sem dó. Me aproprio indevidamente de vidas e falas. Não leve a mal se por ventura algum dia o seu sossego for passear junto comigo. E se por acaso a insônia se tornar a sua melhor amiga, admita que eu venci. Gosto de esfregar na cara do suposto adversário as minhas vitórias. Em certas ocasiões o mais digno é engolir tudo elegantemente.

Se você for um pouco inteligente ficará ao meu lado e se me for permitido lhe dar um conselho, anote aí: é melhor para a sua saúde que você permaneça coladinho em mim. Posso não estar certa sempre, mas o meu Dom do Convencimento nunca entra em férias. Não sei nenhuma luta marcial, mas defendo os meus com garras, olhos e a minha principal arma: a palavra. Se nada der certo dou um golpe que pertence ao Clube Internacional das Mulheres Ninjas e Cheias de Peito e aí, meu filho, quero ver quem resiste para contar essa história na próxima semana.

Já preenchi o Cadastro Nacional De Pedido Interno Para A Próxima Encarnação (Série P, porque a Série A é para Animais), era uma espécie de formulário cheio de perguntas no melhor estilo o-que-você-faz-da-vida-quantos-televisores-possui-qual-o-estado-civil-quantas-maldades-já-fez-é-lipoaspirada-já-matou-formigas-no-quintal-quantos-velhinhos-ajudou-na-rua. O envelope do formulário era daqueles de levantar a pingolinha e passar a língua – epa, leve conotação sexual no ato – para colar. Ui. E na língua fica aquele gosto de cola. Língua colada. Piña colada. Na próxima encarnação quero vir vestida de euzinha mesma, de novo. Explico: não basta uma vida para eu entender. O mundo e a mim. Eu não consigo caber em mim, simplesmente não consigo.

Gostaria muito de entender quem não se importa e somente vive sem se preocupar com o resto. O resto é a gente mesmo, as nossas muitas formas de ser. Porque você não tem apenas uma maneira, pode ter uma essência, mas todos os dias se descobre novo. Nem sempre limpo, mas novo. Sou um poço de questionamentos, não aquieto nem dou trégua. Eu sei que sempre vai faltar, para uma pessoa que nem eu, alguma coisa sempre vai faltar. Nem sempre vou saber o que é, mas sei que vai, sempre vai e eu entendo e me rendo e digo que tudo bem, vou aceitar. Só queria, pelo menos hoje, achar que tudo está completo e nada precisa ser respondido ou perguntado. Queria ser como os outros, pelo menos por meia hora. É que ser eu todo dia cansa e confunde, talvez a solução seja chamar o Roberto Justus, quem sabe assim ele me demite? O problema é que, mesmo demitida, ainda serei eu. É por isso que eu disse: muitas encarnações serão necessárias para que eu finalmente entenda. Ou compreenda que não há nada para ser entendido, está tudo bem na minha frente.

Dizem que a inveja mata

(Para ler fazendo figa, mastigando
sal grosso e segurando firme o terço.)

Antigamente eu achava que amigos, conhecidos e transeuntes queriam o meu bem. Pensava que a vida era mais cheia de cor, que não existia gente que desejasse o meu mal, que ninguém iria me magoar de graça e que coisas chatas jamais me atingiriam. E daí eu cresci.

Algumas coisas pequeninas sempre me chatearam ao longo da vida, mas nunca dei muita bola. Só que uma hora o sapato começa a incomodar o pé, as luzes do salão acendem, começam a colocar as cadeiras para cima da mesa, a música para. E você tem que ir embora para a casa, pois a festa acabou e a vida segue. Então, eu finalmente acordei e atentei para um fato importante: quem gosta de mim vai torcer por mim. Essa é a lógica, certo? Certo. Quem quer me ver bem vai se esforçar para isso. Correto? Correto. Quem vê a minha tristeza oferece um lenço de papel e aquele ombro amigão. Verdade? Verdade. Mas nem sempre essas coisas acontecem, e o tiro que acerta o meio das costas vem de onde a gente menos espera. Ou morremos ou sobrevivemos. E eu escolhi sobreviver e ter o cuidado de não me abrir tanto, de não me doar tanto, de não achar que até o mendigo que dorme aqui perto de casa é meu amigo.

Não pense que é fácil. É difícil lutar contra a minha essência e ir contra o que acredito. Mas tive que ser assim, senão eu ia morrer afogada no meio de tantos sentimentos ruins. Sabe, uma vez tive uma amiga (digo "tive" porque no fundo ela nunca foi minha amiga de fato) que parecia ser A Amiga Mais Legal. Eu era louca por um cara e ela me dava alta força. O cara me fazia de gato e sapato e ela dizia ei-ele-gosta-de-ti. Me estimulava, me dava falsas esperanças, embarcava comigo nas histórias mais sem pé nem cabeça do mundo. E quando eu me ferrava, lá estava ela de braços abertos. Uma hora comecei a me perguntar será-que-ela-quer-mesmo-o-meu-bem? Por que ela, como a maioria das outras pessoas, não me dava a real? Por que ela não dizia que o cara tava pouco se importando se eu estava viva, morta ou morta-viva? A cada rejeição vinha uma frase de ânimo para eu continuar. E aquilo estava me matando, aquela esperança falsa estava me embrulhando o estômago. Junto com isso, ela pedia tudo meu emprestado. E se eu comprava algo ela comprava Aquele Algo Versão Power Master Plus Melhorada. Ou seja: ela tinha que ser melhor que eu. As pessoas me alertavam, mas eu não dava bola. Minha mãe me dizia ei-toma-cuidado e eu brigava com ela, dizia que não, que bem capaz, que a fulana é minha *muy* amiga, sim senhora. Olha, uma coisa eu aprendi: mãe sempre tem razão, por mais que não tenha. Grave essa frase e leve tatuada no peito. Elas têm um poder paranormal, são bruxas, videntes, brincam de adivinhação. A minha mãe sempre acerta, por mais que leve algum tempo. Quando ela diz que aquilo é encrenca, encrenca aquilo é. Então, um belo e lindo dia de sol, o telefone toca.

– Oi, amiga.

– Oi.

– Tá sentada?

– Tô... por quê?

– A notícia que tenho pra te dar não é muito boa...
– Ai, fala logo, tô tensa já.
– Então, sabe a Mari?
– Sei.
– Sabe o André?
– Sei também. Anda, fala!
– A Mari ficou com o André.
Silêncio. Mais silêncio. E mais e mais silêncio.
– Tá aí?
– Depois te ligo.
Foi aí que, como diria Maysa, “meu mundo caiu”. A amiga, aquela que me consolava e me dava força e me incentivava e me trazia esperança dentro da bolsa e da *nécessaire* e enxugava as minhas lágrimas e me oferecia colo e me ouvia ininterruptamente falar do mesmo assunto 473405845749 vezes e queria tudo que eu tinha e comprava as coisas muito melhores do que as que eu comprava e que fazia até as mechas iguais as minhas ficou com O Cara. O maldito cara que mais me fez sofrer na vida.

Eu devia ter desconfiado da cara azeda que ela fazia quando algo de bom me acontecia. Cara azeda na hora do sucesso, cara meiga na hora da desgraça.

Gente boa ela. Gente muito boa.

O falatório

(Cole a boca com esparadrapo antes de ler.)

Me considero uma pessoa de bem. Mas é claro que não sou a melhor criatura da galáxia. Cedo o lugar para os mais velhos. Se estou no supermercado e a pessoa de trás tem poucos itens eu deixo passar na frente. Ajudo as vovozinhas de bengala a atravessar a rua. Sorrio para o garçom que serve o meu prato e para o caixa que recebe o meu dinheiro. Sempre que vou buscar comida no restaurante aqui perto e vejo que o Homem Do Cabelo Vermelho Que Tem O Cachorro está ali pela frente, pego uma marmita para ele e dou ração para o bichinho. Ajudo ONG. Sou gentil com vizinhos. Não sou mal-educada no trânsito, apesar de volta e meia fazer uns gestos obscenos para quem merece. Faço caridade não para ganhar tijolinho no céu, mas porque me faz bem, me aquece a alma e me deixa satisfeita. Ou seja: sou legal.

Mas. É, não pense que sou santa, bacanuda e pura. Mas eu falo mal dos outros. Sou intolerante, falo mesmo. É que tem gente que "merece". Tem gente que pede. Que brinca com fogo. Que é a cara do cinismo. Que faz tudo por interesse. Que banca o bonzinho. Que te abraça e por trás te detona. Que finge uma situação só para se dar bem. Que puxa teu tapete. Que diz que você é legal e depois inventa coisas a seu respeito. Que força amizade. Que acha que tem intimidade. Que adora ver o circo incendiar. Que se manifesta só para causar desordem. Que cospe no prato que comeu. Que esquece da onde veio. Que deleta o passado do currículo. Que só é amiga de quem tem algo a oferecer. Que esquece que o mundo é redondo e gira sem parar um só segundo sequer. Que apronta e acha que vai ficar por isso mesmo. Que maltrata quem não merece. Que tenta ser o que não é. Que mente e engana. Que quer porque quer aparecer. Que gosta de manter as aparências. Que adora humilhar os outros. Que adora ter ibope. Que fica mendigando atenção de quem é "famoso". Que trapaceia e se faz de santo. Que passa por cima de quem estiver na frente sem a menor dor na consciência. Desses, eu falo mal com gosto. E muito.

Não falo mal de amigo. Mas já fui boba o suficiente para confiar demais nos outros e me abrir. Só que aprendi o seguinte: se algum amigo fez algo que eu não gostei devo falar para ele ou deixar guardado dentro de mim, afinal, ninguém é perfeito, todo mundo erra e ninguém vai ser exatamente como você espera ou deseja. Sabe aquela história de ah, vou me abrir com a Fulana sobre o que a Beltrana fez? Pois é, não faça. Se você se abre com a Fulana e no outro dia está postando foto com a Beltrana, é capaz de ficar em maus lençóis, pois uma hora vão achar que você fala de todo mundo. Vai por mim: tem problema com A? Se entenda com A. Não envolva B, nem C e muito menos D.

É muito melhor ser franco e direto. Ou não. Acho que vale a pena falar o que realmente incomoda. Mas em outras tantas situações pode criar apenas aquela picuinha chata que dá câimbra. Então, respira fundo e alivia. Tira o foco daquilo, apaga da mente, dá um suspiro grande e bola pra frente.

Fazendo a cabeça

(Pra ler depois de retocar a agressiva
ou fazer aquela escova básica.)

Deus me deu muitas coisas: uma bunda grande, peitos avantajados, quadril laaaargo, dedões dos pés enormes e um dedão da mão diferente do outro. Ele também me deu uma pele muito branca com um monte de sardas de brinde. Mas o que eu definitivamente não ganhei foi um cabelo bom.

Para você que não sabe, cabelo bom é aquele que dorme e acorda de bom humor. O problema é que meu cabelo vive de mal com a vida. Ele é um adolescente revoltado que fica brabo por ouvir um não, sai pisando forte e bum, bate a porta violentamente. Muito prazer, este cidadão invocado se chama My Hair. My Bad, Bad Hair.

O cabelo podre de bom é aquele que vai ao salão, faz uma escova amiga e fica pra lá e pra cá todo faceiro, se exibindo para os outros. Já o meu caminha lentamente até o salão, é escovado e começa a ondular com qualquer vaporzinho maroto, garoa ou umidade relativa do ar. O cabelo bom é aquele que recebe uma escova progressiva e fica lindo de morrer apenas com uma secadinha sem segundas intenções. O meu nem com agressiva e reza forte se endireita. Cabelo bom é aquele que em uma passadinha de chapinha fica mais liso que carteira no final do mês. O meu é aquele que precisa de 548 passadas de chapinha e nem assim se endireita.

Tenho uma amiga, com cabelo de comercial de xampu importado, que anda de cabelo solto e sem um fio fora do lugar mesmo no verão. Atente para o MESMO no verão. Até na beira da praia ela tem o cabelo sedoso. Até depois do banho de mar. Vou te contar a minha situação no verão: coque. Se faço rabo de cavalo e saio no verão senegalês a pontinha do rabisteco começa a encostar no pescoço grudento e, pimba, o cabelo fica suado. A saída é o coque. Assim nada cola feito Bonder.

Na praia é uma desgraça. Eu pego um elástico e prendo o cabelo, pois se eu entrar no mar e deixar os fios secarem naturalmente, tcharã, espantalho *feelings*. Fico parecendo a Bruxa do 71 em dia de festa. Morro de inveja dos cabelos lindos, leves e soltos na beira da praia, mas definitivamente não é o meu caso.

Já aceitei a vida como ela é, meu cabelo como ele é. Ele é fino, muito fino. E não há nada que engrosse esses benditos fios. Já tentei de tudo, até simpatia. Nada feito. Na minha aula de *spinning* tem uma moça loira que faz luzes e questão de ficar a aula inteirinha com o cabelo solto. Parece que ela pulou da capa de alguma revista direto para a aula. Ela é a Senhorita Perfeita. Eu vou para a academia de *legging* furada no meio das pernas, *top*, camiseta velha, tênis, cabelo preso, brinco discreto e filtro solar. Saio com a cara vermelha, a camiseta grudada, o cabelo encharcado e a bunda molhada de suor. A Senhorita Perfeita chega pronta para entrar na passarela de um desfile de roupas de fitness, com brincos gigantes, anéis, pulseiras, blush, rímel, corretivo e nenhuma espinha no rosto. E sai da mesma forma que chegou. Para completar a humilhação, diz em tom suave hoje-eu-me-cansei. Não bebe um gole sequer de água. Eu acabo com uma garrafa de dois litros, saio com as pernas tremendo, toda esculhambada. Nesses momentos, faço uma piada mentalmente: o que entra seco e sai molhado? Eu, da aula de *spinning*. O que dá mais aflição é aquele cabelo dela, ¼ Gisele Bündchen, outro ¼ Cindy Crawford (ih, me perdi na matemática...).

De tanto eu me queixar dos problemas capilares, uma colega de trabalho deu uma dica infalível de um produto carésimo. Encomendei o tal produto, usei com fé e força e fui dormir. No outro dia, acordei como a prima do leão. Já é alguma coisa, não?

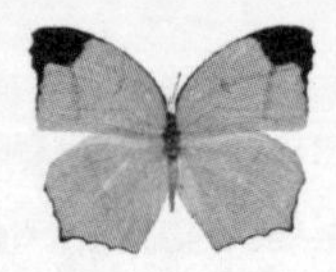

A irritação que anda de elevador

(Para ler em um momento de paz.)

Percebo que a minha velha amiga chegou com sua pesada bagagem quando pequenos fatos se tornam grandes tragédias. Sabe como é, ela transtorna o ambiente, bagunça os pensamentos e embaralha as cartas. Vem correndo, como se estivesse participando de alguma importante maratona. É ela, Temida, Provocadora, Maníaca, a famosa TPM que todas as mulheres conhecem.

Começa com a falta do bom humor matinal. Você acorda, a pessoa que mora com você dá bom-dia, você responde com um aceno insatisfeito de cabeça. Faz o café e a pessoa resolve puxar assunto. Você vai respondendo com aham, é, sim, não. A pessoa, insistente, prossegue o papo. E você vai sentindo uma coceira no estado de espírito. Solta um suspiro, dá uma bufada discreta. A pessoa fala de forma contundente:

– Com toda essa alegria só pode estar na TPM.

Pronto. Foi a cereja do bolo. Você fica muda, engole o café rapidamente, pega sua louça e leva para a cozinha. Joga a louça dentro da pia, bate as portas do armário e ouve o Grilo Falante:

– Se tá com raiva do mundo, ok, mas não quebra a casa.

Pronto. Foi o chantili da cereja do bolo. Você começa a gritar coisas que dali a cinco minutos certamente não vai lembrar. Xinga, grita, ofende, se irrita, diz que ninguém te entende, vai para o banheiro, liga o chuveiro e chora com raiva. A pessoa, que não recebeu o Manual De Como Lidar Com Descontroladas TPMísticas, entra no banheiro e diz:

– Você precisa tratar isso aí, senão fica difícil a convivência.

Pronto. Um ódio violento começa a subir pelo dedinho do pé até chegar no seu coração negro. E você finalmente entende aquelas mulheres que matam o namorado a facadas e depois guardam pedaço por pedaço dentro do congelador. Você pensa na Lorena Bobbitt e ri uma risada maléfica. E você não diz uma palavra sequer, apenas termina o seu banho, se enxuga, coloca a roupa, dá um beijo de tchau e vai trabalhar.

O dia passa, você ouve coisas normais que viram anormais no trabalho, procura se controlar, toma bastante chá de camomila, remédio para cólica e torce para as 18 horas virem rápido. O fim do dia chega, você volta para casa, cansada, pensando em comer algo leve, deitar na cama e colocar uma bolsa de água quente na barriga.

Quando coloca a chave na fechadura, ouve um barulho estranho. Está rolando uma festa na sua casa? Quando abre a porta se depara com três marmanjos comendo pipoca, tomando cerveja e assistindo a um jogo do Barcelona. A rapaziada te cumprimenta, você sorri o sorriso mais falso que já teve notícia, vai direto para o quarto.

Ô-ou. Tênis no chão, camisa suja em cima da cama, toalha molhada em cima do seu travesseiro. E a velha vontade de gritar o grito de guerra: filho da puuu! Calma, respira, bufa, suspira. Esse é o seu mantra. Tira a roupa, entra no banho, toma uma ducha, coloca a Roupa De Ficar Em Casa, vai até a cozinha, prepara um sanduíche light, o telefone toca, você larga o prato em cima da mesa, atende e vai passar creme nos pés. Sua mãe fica falando o tempo suficiente para algum animal de bolas comer o seu sanduba.

– Vocês estão de brincadeira comigo?

Eles não entendem. Mas Ele entende o recado. Você chama o querido para uma conversa ao pé do ouvido no quarto. Pergunta que zona é aquela na casa, quem comeu seu sanduíche, quem fez xixi e pingou no chão do banheiro, caramba? Ele fica brabo e diz que não aguenta a sua TPM.

Claro, a culpa sempre é sua. Você chora com fome, com cólica e vai dormir. No outro dia você acorda, ele preparou o café da manhã, colocou uma flor em cima da mesa e te deu um beijo com o pedido de desculpas. A casa, ele promete arrumar depois. Você sorri aliviada e pensa que o pior passou, que agora só no próximo mês é que a coisa vai encrespar de novo. Até que ele começa a mastigar e a fazer aquele barulho que você odeia. E que só percebe quando está na TPM. Então dá aquela bufada nada discreta. E tudo recomeça.

As velhas chatices

(Leia deitado confortavelmente após o almoço.
Mas, por favor, não durma.)

Eu tenho uma preguiça danada de gente chata. É uma coisa que brota dentro do meu coração e vai tomando conta de mim. Não consigo me conter, me fechar ou me calar, apenas me afasto. Me afasto porque não tenho mais paciência para ouvir ladainha de quem só sabe se queixar do dia de amanhã. É isso mesmo, o pessimista se queixa do dia que ainda nem amanheceu.

Sempre tive uma fé guardada do lado esquerdo do peito. Ela me guia, me acompanha, me dá um chute na bunda quando empaco em algum cantinho, me sopra no ouvido aquele vai, vai, vai. E eu vou. Eu acabo indo, senão essa fé me puxa pelos pés. Não nasci pra ficar de cara amarrada. Gosto da felicidade, do som da gargalhada, daquela sensação meio assim no estômago que diz que oba, a vida é boa. Você entende essa sensação meio assim? Porque eu não sei explicar direito como ela é. Tem coisa que não se explica, apenas se sente.

Sinta e deixe sentir. Tem coisa melhor que isso? Deitar no colo da emoção fresca, se jogar nos braços daquele sentimento com gosto de café coado. Que delícia. Viver é uma maravilha. Antes que você pense que vou começar a falar dos astros, do amor livre, andar de pé descalço, ficar sem banho, coisa e tal, tal e coisa, por favor, pare. Interrompa seu pensamento. Eu adoro viver, valorizo a minha vida, procuro degustar os bons momentos, pois sei que eles são únicos. O que a gente vive hoje não se repete, pois o dia de amanhã é uma interrogação imensa. Ninguém sabe o que virá, mas eu tenho aquela fé guardada no canto esquerdo do peito, lembra? E ela me diz que as coisas vão, sim, funcionar.

Não deixo os pensamentos ruins tomarem conta de mim. Hoje eu pego a vassoura e varro cada pó de coisa ruim, junto tudo com a pá e jogo no meu lixo mental. Fecho o saco e espero o lixeiro passar, pois uma hora ele passa. Eu não estou aqui para me emburrar com a vida. Não consigo entender quem vive amargurado, triste, pelos cantos, sofrendo. Ninguém gosta de sofrer. Mas tem gente que precisa se agarrar no sofrimento para chamar atenção. Tem gente que precisa de desespero constante para conseguir um colo, um carinho, um afago. A vida dessas pessoas deve ser muito triste. E chata, é claro, pois o bom chato é aquele que reclama de tudo e todos.

O legítimo chato de galocha é aquele que reclama quando está muito calor ou muito frio, quando está nublado ou um sol de rachar, quando a comida está quente ou fria demais, quando a roupa fica larga ou justa demais, quando a casa fica com cheiro de produto de limpeza ou suja demais, quando o outro nunca diz que ama ou quando ama demais.

Ele nunca está completamente satisfeito. E eu sei que o ser humano é, por natureza, um eterno insatisfeito. Mas a gente tem que aproveitar cada pequeno momento, porque a vida passa voando. Quando a gente vê, *ploft*, acabou. É por isso que essa gente me dá preguiça. E é por isso que dia após dia reforço mais meus bons pensamentos e meu humor (quase, quase) inabalável.

50 coisas bobas (ou não) sobre minha vida

(Leia pensando nas 50 coisas da sua.)

1. Eu já fui assaltada. E depois disso fiquei com um medo danado de pessoas suspeitas. Mas quem é suspeito? Todo mundo. Ou seja: virei neurótica.
2. Quase morri afogada. Nem sei por que falei isso. Foi só pra fazer um drama. Eu era pequena, não lembro direito. Só sei que me salvaram e estou aqui, Linda da Silva (Sauro).
3. Roí as unhas até os 18 anos. Eu achava legal. Hoje acho nojento. Quando deixei crescer e pintei de vermelho pela primeira vez foi uma grande emoção.
4. Não gosto de cortar alho. Já me ensinaram diversas técnicas para tirar o cheiro dos dedos, tentei todas e nenhuma funcionou.
5. Demorei 31 anos para gostar de tomate e pimentão.
6. Eu acredito em comerciais de produtos que acabam com a celulite em dez dias. Compro todos, continuo com celulite e cada vez mais pobre.
7. Comecei a fumar porque o cara que eu gostava fumava. Eu tinha 15 anos, e ele, 17. Treinei loucamente para poder fumar numa festa. Cheguei na festa, acendi o cigarro de uma forma ágil e poderosa, ele chegou perto de mim e disse que detestava mulher que fumava. Não conquistei o cara e segui fumando.

8. Parei de fumar porque o cara que eu gostava não fumava. Ele não reclamava, mas eu me sentia inconveniente. Hoje me sinto melhor. Não fumem.
9. Não sou volúvel. Não fumem.
10. Já tive o cabelo loiro-funcionária-da-calçada. E me achava uma teteia. Um dia caí na real.
11. Uma vez um cabeleireiro me convenceu a pintar o cabelo de ruivo. Alguma coisa no percurso não deu certo e fiquei com o cabelo cor de cenoura. Ele achou lindo. Eu troquei de cabeleireiro e demorei um tempão para voltar à cor natural.
12. Hoje em dia não faço nenhuma maluquice capilar. Só hidrato e rezo para Deus me dar um cabelo bom. Diariamente.
13. Já roí unha do pé, mas, por favor, não conta pra ninguém. Nem pra minha mãe, senão ela tira meu nome do testamento.
14. Brinquei até os 14 anos de Barbie. Mentira, até os 15. E gostava. A minha Barbie era moderna: o Ken era o namorado e ela tinha um amante, o Falcon. Mas isso não quer dizer nada, não tenho amante.
15. Por falar em amante, já tive um caso com cara casado. E não me arrependo, pois eu gostava dele.
16. Não julgue a mulher que tem caso ou se apaixona por um homem casado. O mundo gira e um dia essa mulher pode ser você.
17. Eu dizia que quem fica com homem casado é tudo puta. Pois é.
18. Todas as minhas amigas transaram antes de mim e nunca me senti excluída por isso. Acho que cada um tem seu tempo e, na boa, sempre acreditei no cara certo.

19. Sim, eu sou uma romântica alucinada, acredito em cara certo. Mas sou realista: gente perfeita não existe, existe é a pessoa que combina com você, que se afina com você, que se enrosca com você.
20. Já fiz algumas loucuras por amor. Uma delas foi pendurar uma faixa numa esquina. O cara leu e nem para aquele lugar me mandou.
21. Já me apaixonei por muitos homens que não valiam uma nota de um real.
22. Já me apaixonei por um sujeito na internet. Sim, já.
23. Tenho mania com o tapete da cozinha. Ele tem que ficar retinho. Já tentei me livrar desse TOC, mas não adiantou. Durante uns dias eu passava por ele e se estava torto eu pensava "deixa, é só um tapete" e ia fazer outra coisa. Mas não conseguia, voltava lá e endireitava o negócio.
24. Já tentei ser perfeita para gostarem de mim.
25. Não consigo ser perfeita, quem não me aceitar como sou é porque não gosta de mim.
26. Durante um enorme período da minha vida eu só saía de casa se meu cabelo estivesse escovado e com chapinha.
27. Durante outro enorme período da minha vida eu acordava cedo para fazer escova ou chapinha e me maquiar.
28. Durante mais um enorme período da minha vida eu não saía de casa se estivesse chovendo.
29. Cheguei à conclusão que durante um tempão fui uma chata. E só perdi tempo.
30. Amigas (veja bem, é plural) já ficaram com os caras de quem eu era a fim.
31. Nunca furei olho de amiga. E me orgulho disso, pois caráter é a coisa mais importante deste mundo.

32. Já fiz simpatia para conseguir namorado.
33. Já fiz simpatia para emagrecer.
34. Descobri que simpatia não funciona.
35. Na primeira aula de *yoga* eu ri quando começaram com o "ohmmm".
36. Meu lado quinta série sempre sente vontade de rir quando o médico fala "ânus".
37. Não gosto de ter que abrir um guarda-chuva quando alguém fala comigo.
38. Não gosto das pessoas que conversam e têm uma necessidade louca de encostar em mim. Principalmente se não tenho intimidade alguma com essas pessoas.
39. Torço para que quem não responde e-mails arda no fogo do inferno.
40. Sou bem legal, mas sei ser bem desagradável quando quero.
41. Tenho a cara de pau de chamar uma pessoa que está em outro ambiente só para apagar a luz do quarto ou me alcançar alguma coisa.
42. Já mandei flores para homens.
43. Perdi as contas de em quantas cartomantes já fui.
44. Sou super-rápida na hora de fazer compras. Experimentei, ficou bom, preço é legal, levei. Não gosto de enrolação.
45. Não sou viciada em sapatos, meu negócio são bolsas.
46. Depois que fiz 30, a vida ficou mais leve.
47. Prefiro cachorros a gatos.
48. Já tive periquito, peixe e tartaruga.
49. Detesto lavar panelas.
50. Já encontrei o amor da minha vida. Não sei se ficaremos juntos até a velhice, espero que sim, mas caso o destino nos separe, ele será sempre o amor da minha vida.

Nossos pesos

(Para ler quando estiver de bem com a vida.)

O mundo não tem culpa se as coisas não deram muito certo para você. Eu sei que bate uma revolta, que dá vontade de esbofetear a pessoa mais próxima, que é tudo muito injusto e que você quer ser feliz.

Ei, você quer mesmo ser feliz? Então pare de culpar os outros por coisas que são só suas. É muito fácil transferir toda a carga para o vizinho e assumir a postura de vítima. Sim, eu sei que você passou por poucas e boas, mas chega. Pronto, já passou, deu a volta por cima, acabou. Chega de ficar se lamuriando e despejando energia ruim.

Eu acredito muito naquela velha história que a gente atrai tudo que emana. Se você só tiver coisa ruim só vai se aproximar de coisa ruim. Então mude a forma de vibrar, de sentir, de se relacionar consigo mesmo.

Não culpe a sua melhor amiga porque ela arrumou um namorado e o seu acabou de te trair. Ela não tem culpa da sua frustração e raiva. Ei, ninguém tem culpa. Para com isso. Para de jogar esse raio laser imaginário para cima de quem só te quer bem. Para de responder com palavras ríspidas. Para de dar uma tijolada na cabeça de quem cruza a sua vida.

É impossível resolver as coisas quando alguma coisa está desarrumada dentro da gente. A ordem emocional é muito importante, é ela que nos mantém em pé, nos faz levantar todo santo dia, nos faz querer viver novas experiências, ampliar os horizontes, deitar e rolar no que a vida proporciona. Mas tem gente que é uma luz apagada, que não quer se enxergar, não quer se olhar no espelho, ver o que está errado e consertar. É isso: tem gente que não quer se consertar e passa anos a fio vivendo uma enganação.

Se enganar é a pior coisa. Achar que a culpa é do chefe, que exige demais, da amiga, que fala demais, da sua mãe, que te liga demais, do seu ex, que sumia demais é muito fácil. Já parou para pensar por que as pessoas agem como agem com você? E se você é uma pessoa boa e fácil de conviver? E se faz o melhor que pode no seu emprego? E se procura melhorar seus defeitos?

Que ninguém é perfeito nós estamos carecas de saber. Mas o mundo se divide em pessoas que querem evoluir e nas que acham que são boas o suficiente para isso que chamamos vida. Quem quer evoluir procura entender por que as coisas são como são, procura melhorar seu comportamento e manias, procura dar o melhor de si, procura enxergar além do que vê. E quem acha que já é bom o suficiente cruza os braços, vê a vida passar, analisa os outros, procura uma bagunça nos outros, vive de olho no que acontece pelo buraco da fechadura da casa dos outros e acha que a sua vida é uma tragédia grega. Por isso, é claro, quando acontece algum imprevisto coloca a culpa nos outros. Essas pessoas esquecem que são as únicas responsáveis pelas suas vidas.

Os piores medos do mundo

(Leia segurando a mão de alguém.)

Eu era pequena e tinha uma mania meio estranha de acordar, ir até o quarto dos meus pais, passinho por passinho, e ficar ali parada vendo a banda passar. Não sei direito o que eu queria, talvez eu quisesse um colo, um espacinho entre os dois, um aconchego. Mas eu não acordava ninguém, ficava ali feito um dois de paus, em pé, no escuro, olhando. Isso matava meu pai de susto, já que acordava sobressaltado com um pequeno ser olhando fixamente para ele.

Essa rotina se repetiu por alguns dias até que ele, com toda sua psicologia infantil, contou uma história que nunca mais esqueci:

– Minha filha, não faz mais isso, é perigoso.

– Por que, pai?

– Sei de uma história de um menino que fazia isso todas as noites. Ele levantava pé ante pé, ia até o quarto dos pais dele e ficava ali parado que nem você até alguém acordar.

– E aí, pai?

– E daí que o pai dele dormia com um revólver embaixo do travesseiro. Uma madrugada acordou muito assustado e, no reflexo, pegou a arma e atirou no próprio filho. Ele morreu na hora.

Não lembro se cheguei a perguntar se ele dormia armado, se o menino sentiu dor quando morreu ou algo do gênero. Lembro que senti um medo violento e nunca mais fui até o quarto dos meus pais.

Meu pai tinha deixado claro "quando sentir medo vem aqui e me acorda, mas não fica parada", mas engoli meus medos, tomei uma água para eles morrerem afogados e segui a vida. Só que eu sempre tive medo do escuro, um medo inexplicável.

Se acaba a energia é um terror, saio correndo atrás de alguma vela e ilumino o caminho com a luz do celular. Programo a televisão para desligar, se acordo e ela está desligada, ligo novamente e programo mais uma vez. Tem gente que, para relaxar após um longo dia, toma banho no escuro. Isso para mim é impensável!

Um dia faltou luz aqui no prédio. De tão desesperada que fiquei, abri a porta do corredor, vi que as luzes de emergência estavam acesas. Desci os onze andares com o coração quase saindo pela boca, agarrada no celular, de chinelos. Tudo para ficar com o porteiro, afinal, ele era uma segurança naquele momento de pavor. Depois, é claro, dei risada da situação. Mas na hora o medo toma conta de mim e preciso agir, ainda que essa ação seja de uma criança de quatro anos. O escuro virou inimigo, mesmo eu sabendo que não tem nada ali. Para mim, o escuro é um monstro. E não tem anos de análise que desfaçam essa imagem infantil.

Lendas urbanas (ou não)

(Para ler rindo da minha cara.)

Na escola, eu gostava da hora do recreio só até os nove, dez anos. É que depois a rapaziada começa a contar aquelas histórias que aconteceram com o amigo do amigo do amigo. Voltava pra casa, passava o dia supertranquila e quando deitava a cabeça no travesseiro, pronto, as lembranças vinham com força e gana. Uma vez, uma colega contou que fez o tal jogo do copo e depois ouvia batidas dentro do guarda-roupa. Aquilo me apavorou tanto que até poucos anos atrás eu pedia pelo amor de Deus, nunca quero ouvir esse tipo de barulho. Outra vez, um colega contou que a mãe estava tomando banho e a embalagem de xampu se mexeu sozinha. Pânico!

Sempre detestei essas histórias, apesar de adorar ouvi-las. Também nunca gostei de filme com espíritos, apesar de adorar vê-los. Até que eu cresci e passei a não ver mais essas coisas que me deixam aflita, com medo, receosa, impressionada.

A verdade é exatamente esta: sou uma pessoa impressionável. Se você contar uma desgraça, vou ficar impressionada. Se vejo uma cena de filme na televisão, pode ser um *trailer*, fico aflita, aquilo não sai do meu pensamento e certamente vou lembrar na hora de dormir.

Nunca esqueço que uma vez assisti um filme e na cena o cobertor era puxado por alguém. Mas esse alguém era invisível. Toda noite, ao deitar, eu prendia bem o cobertor.

Isso é coisa de gente maluca, eu sei. Mas eu prendia, na esperança de que ele ficasse soldado e não saísse do lugar, entende? Assim nenhuma força sobrenatural poderia puxar meu lençol e minhas cobertas.

E aquela sensação que não estamos sozinhos? Ou que alguém chamou seu nome? Ou que passa um vulto? Só penso assim, para, não é nada. Para, não é nada. E fico repetindo o Mantra da Calma.

O fato é que desenvolvi algumas Técnicas Antimedo. Essas técnicas consistem no seguinte: jamais lavo o cabelo no banho de olho fechado. Eles ficam bem, mas bem abertos. Na hora de enxaguar, mesma coisa, abertinhos da Silva. Nunca dou as costas para a porta do box. Entenda, tem gente que fica de costas para a porta, né? Se algum assassino abre a porta silenciosamente você não vê nada. E quando viu, já era. Então eu fico de frente para a porta. O máximo que faço é ficar de lado. De costas, jamais. A porta do banheiro, na hora do banho, fica entreaberta. Mesmo que esteja um frio danado. Ligo a estufa e deixo a porta entreaberta. Já viu que nos filmes tudo acontece quando as mocinhas estão sozinhas em casa e no banho? Preste bem atenção: porta do banheiro entreaberta, não dar as costas para a porta que abre o box. E na hora de lavar o rosto vale a regra do banho: olhos abertos. Já cansei de ficar com alergia nos olhos por conta disso. Morro de medo de enxergar alguém pelo espelho. Então passo o sabonete, esfrego o rosto, na hora de enxaguar eu enxáguo primeiro um lado, daí libero o olho, depois o outro, libero o outro olho. E nunca lavo totalmente abaixada, sem olhar para o espelho durante todo o processo. Vou lavando e olhando, esfregando e olhando, enxaguando e olhando, liberando um olho e olhando, liberando o outro e olhando. É cansativo, é coisa de maluco, mas não sei ser de outra forma.

Quando entro no carro a primeira coisa que faço é olhar para trás. Sabe como é, sempre tem alguém que surge do banco de trás prestes a te asfixiar. Então eu olho, quando fica tudo liberado, pronto, posso ir embora com calma. E quando chego na garagem do prédio à noite, já pego a chave de casa e deixo tudo prontinho, afinal, nas cenas sempre aparece um maníaco nas garagens. E me nego a ir em garagens completamente vazias e estranhas à noite. Sempre peço para alguém me acompanhar. E se esse alguém tiver dois metros de altura e dois de largura, melhor ainda.

Vai dizer que você não tem suas maluquices também?

O Dr. Google

(Não acredite em tudo o que ele diz.)

Toda vez que sinto uma dorzinha em algum lugar digito no Google os sintomas e espero que ele me dê o diagnóstico. O problema é que o diagnóstico é sempre catastrófico. Segundo ele, sempre tenho pouco tempo de vida, passarei por sofrimentos intermináveis e os prognósticos nunca são animadores.

Já conversei sobre isso com um médico, que me pediu gentilmente para parar de procurar sarna pra me coçar. Mas eu, como todo cachorro vadio, adoro uma sarninha. Por isso, volta e meia penso que vou morrer. Vou morrer, vou morrer, falo com aquele drama correndo nas veias. Não sei se contei para você, mas não tenho sangue correndo nas veias, e sim, drama. Um drama escuro, violento e forte.

Esses dias comi uma coisa bem gordurosa e tive um piriri, se é que você me entende. Fui umas três vezes ao banheiro. No outro dia fiquei sem ir. E no outro também. Meu Deus, o que está havendo? Piriri seguido por prisão de ventre? Então, meu amigo Google, com toda a sua sabedoria disse que podia ser Síndrome do Intestino Irritável. Ou câncer. Claro que me fixei na alternativa câncer e fui pesquisar que doença era aquela. Confesso que fiquei deprimida, fiquei esperando um sangue no papel, dores abdominais, queda de cabelo, peruca, coisas do gênero. Parece engraçado contando assim, mas eu sofri de verdade. Até que fui ao médico e ele me disse para bloquear o Google no meu computador. Comi algo fora da rotina, o intestino não gostou, colocou tudo para fora e depois fez greve até se recompor. Simples assim.

Eu invento complicações para minha vida e a culpa é todinha do Google. Ninguém mandou ele ser o garoto de recados de informações tão chatas. Outro caso que aconteceu dia desses foi que meu médico pediu um Hemograma Completo. Peguei o resultado e vi que tinha uma alteração nos leucócitos e nos linfócitos. Dei aquela pesquisada poderosa e vi que podia ser leucemia. Fiquei muito nervosa, achando que agora sim tinha chegado a minha vez. Daí pesquisei um pouco mais e vi que para ser leucemia ele tinha que estar com uma alteração, sei lá, 50 vezes maior. E a minha não estava nem duas vezes.

Cheguei no consultório do médico e contei essa minha peripécia. Ele só riu, me explicou como funciona, reforçou que eu não tenho leucemia, que sou uma pessoa saudável, que minha saúde está em dia, que faço exames, cuido da alimentação, pratico atividade física, que estou bem. Sim, estou bem, é difícil acreditar, mas estou bem. E pediu que eu parasse de ficar procurando doença na internet. Esse mesmo médico que pediu pelo-amor-de-Deus-para-de-ler-bula-de-remédio.

Esta você não sabe: tenho problemas com bulas de remédio. Leio e acho que vou ter todos aqueles sintomas. Já deixei de tomar remédio por conta da bula. Também já tomei remédio e fiquei cuidando no relógio (e em mim) se apareceria algum sintoma. Acho que o médico esqueceu de dizer que minha saúde está perfeita, mas a minha cabeça não.

Sobre o não dito

(Porque a gente nunca deve dormir
pensando que deveria ter falado.)

É muito difícil e doloroso perder uma pessoa próxima. E deve ser mais difícil ainda a pessoa partir sem que a gente tenha dito tudo que sente e pensa. Eu não sei lidar com doenças, mortes, partidas. Gosto mesmo é de chegadas. Acho que todo mundo devia ser eterno. Mas sei que as coisas não duram para sempre, sei que tudo tem começo, meio e fim, sei que preciso amadurecer esse lado que não gosta de separações e perdas.

Não sei o que é pior: perder uma pessoa aos poucos ou de uma só vez. Se alguém que você ama sofre um acidente de automóvel ou aéreo e morre na hora, você é pego de surpresa, demora a se conformar, aquilo te atinge de uma forma absurda e a dor é enorme. Se alguém que você ama tem uma doença incurável, você vai perdendo aquela pessoa dia após dia, pouco a pouco. Então, você acaba perdendo duas vezes: no dia em que descobre a doença e no dia em que a pessoa efetivamente parte. Mas é uma partida programada, esperada, não te pega de surpresa. Não existe situação ideal para partir, nem nada que amenize a dor e sossegue o coração. Perder uma pessoa dói. E muito.

Eu acredito que tudo tem um motivo. Acho que nascemos com uma missão, com um propósito e ficamos aqui neste mundo até o momento exato. Quando acaba nossa missão nós partimos para outro plano. Acredito que sempre reencontramos as pessoas que nos são queridas e especiais, cedo ou tarde.

Não gosto de deixar lacunas, espaços, reticências. Gosto de preencher a vida. É por isso que não gosto de dormir brigada com alguém, afinal, eu não sei o dia de amanhã, não sei como as coisas vão acontecer, não sei qual vai ser o desfecho do dia. Então se tenho que pedir desculpa eu peço, se tenho que chorar eu choro, se tenho que esclarecer as coisas esclareço. Acho que a vida e as relações ficam mais leves assim. E a gente fica em paz com a consciência e com as nossas emoções.

A pior coisa que tem é perder a hora, o momento, a chance de abrir a boca e dizer tudo que você sente por raiva, birra, medo, orgulho ou aquela mania boba de achar que o outro sabe. Ah, não vou falar porque ele sabe, é óbvio. Olha, obviedades existem, sim. É claro que seu pai sabe que você o ama. É claro que seu avô sabe que você o ama. É claro que seu namorado sabe que você o ama. Mas eles gostam de ouvir. Gostam da ação, gostam de se sentirem amados, queridos, bem tratados. Qualquer relação precisa de atenção, carinho, cuidado.

Saber é uma coisa. Sentir é outra. E essas duas coisas são completamente diferentes. Fazer uma pessoa sentir o que você sabe está na sua mão. Por isso, antes de sair de casa, pense nisso. Fique em paz com os outros e com o seu coração.

Xô, ingratidão!

(Porque ser ingrato é o pior defeito do mundo.)

Eu aceito tudo, menos ingratidão. A pessoa pode ser atrapalhada, perdida, confusa, esquisita, chata ou inconveniente. Ou tudo isso e mais um pouco. Só não aceito que seja ingrata.

Sabe aquele gosto de usado e abusado na boca? Não gosto. Detesto me sentir usada ou perceber que alguém se aproximou de mim por interesse, porque eu podia proporcionar algo ou coisa parecida. Já aconteceu mais de uma vez: Fulana é muito minha amiga, pede minha ajuda, ajudo numa boa, depois Fulana vira as costas, colhe os louros e esquece que existo. Ou ainda: Fulana te aluga, enche os ouvidos, você aconselha, daí Fulana entra numa fase zen e boa da vida e coloca os dois pés na minha bunda. Tem coisa mais baranga que isso?

Se eu gosto de você eu gosto de você. E se você me ajuda pode ter certeza que não esqueço, muito pelo contrário: lembro e valorizo para sempre. É horrível a gente se sentir usada. E é mais horrível ainda quando a outra pessoa se acha no direito de inventar alguma mágoa a seu respeito e provocar qualquer tipo de afastamento. Ah, me afastei dela porque ela trabalha demais. Ou porque nunca pode almoçar. Ou porque ela gosta de azul. Isso é ridículo. Amigo que é amigo não te usa e joga fora. Te "usa" de escudo, abrigo, amparo, divã, pódio, etc. e te joga dentro da vida dele. Divide a parte boa, a parte ruim e a parte sem gosto. Porque as coisas são assim, sim. Amigo se divide. E não fica esperando algum reconhecimento.

Não espero que alguém reconheça o que faço. Só espero que a pessoa não seja ingrata. Acho que não é pedir muito. É uma pena que alguns não consigam conviver com o nosso lado bom. Explico: as pessoas acham que amigo mesmo é aquele que segura firme a tua mão na hora da desgraça. Eu discordo. Acho que é fácil ser amigo quando a vida está difícil, quando você está sem grana, ferrado, num emprego ruim que só te suga, correndo atrás de um cara que não te dá a mínima, bebendo a torto e a direito, levando a vida numa gandaia federal.

É fácil, sim, ser o conselheiro, o palpiteiro, o Resolvedor de Problemas, o Distribuidor de Pitacos. Difícil é aplaudir de pé, ver seu amigo exibir troféus, conquistas, vitórias. Difícil é ficar feliz por ele, é sorrir com o coração, é não ter um pingo de inveja ou despeito, é pensar puxa-que-bom-que-isso-aconteceu. Difícil é ver o seu amigo levando uma vida digna, com a vida amorosa e profissional estabilizadas, fazendo planos para o futuro, ganhando uma grana legal, dirigindo um carro legal, usando uma roupa legal, namorando uma pessoa legal, sendo legal.

Tem gente que não tem estômago para ver o sucesso do outro. E é exatamente nesse momento que você separa os conhecidos dos amigos. É na hora em que a ingratidão começa a brilhar lá de longe que você vê quem realmente está com você para o que der e vier.

Já aviso que são poucos, não se assuste se sobrarem dedos das mãos.

O lado B que ninguém conta

(Para se redimir, leia o texto ajoelhada no milho.)

Ele está em frente ao computador, muito concentrado, (teoricamente) trabalhando. Então, você percebe que a janelinha do "Gtalk" ou do "bate-papo do Facebook" está aberta. São onze da noite, ele mal conversou com você depois que chegou do trabalho e você jura de pés juntos que ele anda estranho, distante. Ele diz que anda cansado, trabalhando demais, com muitas pendências a serem resolvidas. Você tenta acreditar, mas a pulga não sai da sua orelha, pelo contrário: a Dona Pulga traz a família todinha para morar no seu canal auditivo.

Então, num momento como-quem-não-quer-nada, chega de surpresa e abraça o querido por trás. Enquanto abraça, fixa o olho na conversa que ele está tendo sabe-se lá com quem e respira aliviada quando lê o nome Marcelo. Como sou boba, como sou boba, você pensa. Feliz e contente tasca um beijo gostoso de língua mexendo naquele que é o mais fiel dos fiéis homens que já pisaram neste planeta.

No outro dia, ele vai tomar banho e leva o celular para o banheiro. Ô-ou. Quem leva o celular para o banho? Depois que ele liga o chuveiro, você entra de mansinho e diz vim-te-dar-um-beijo e lavar as mãos. Dá o beijo carinhoso, liga a torneira, pega o celular e dá uma olhadinha nas últimas chamadas feitas, recebidas, mensagens de texto. Aproveita e dá aquela xeretada básica nas redes sociais. Ufa, tudo limpo, menos a sua consciência.

Ele chega mais tarde, cansadão e vai direto tomar uma ducha. Na sua cabeça, uma cena: ao invés de estar no escritório certamente ele foi para algum motel com uma sirigaita, por isso chegou em casa e quer purificar o corpo do crime que cometeu. Sem pensar muito, enquanto ele se desinfeta, você cheira camisa e vasculha bolsos, em busca de algum vestígio da noite sem vergonha que ele acabou de ter. E obtém mais um insucesso para sua listinha.

Falta apenas uma coisa para a Dona Sherlocka Holmes, vulgo Dona Xereta, averiguar: a fatura do cartão de crédito. Então, toda meiga, você diz:

– Meu bem, a Camila quer fazer uma surpresa para o Alessandro. Vai levá-lo naquele restaurante que fomos. Lembra mais ou menos quanto é? Ela anda meio ruim de grana.

– Amor, não sei, tenho que ver a fatura do Visa, pois o comprovante já joguei fora.

– Deixa que eu procuro pra você, não quero te atrapalhar.

Você se faz de solícita para dar o bote e consegue a fatura do último mês. Posto de combustível, restaurante tailandês, restaurante japonês, churrascaria... você repassa mentalmente os lugares em que foram e vê que não tem nada incriminador. Respira mais do que aliviada e pensa: por que preciso fazer toda essa investigação? Por que a palavra dele não basta? Por que não posso acreditar que ele realmente está atarefado, sobrecarregado e preocupado com o trabalho? Por que, mesmo sabendo que ele me ama, não me sinto 100% segura?

Então você lembra dos ditados populares, que juram que os homens são todos iguais, que eles não podem ver um rabo de saia, que homem olha para todas na rua, que eles adoram pornografia, que está no sangue, que é cultural, que antigamente os homens sustentavam a casa e tinham várias mulheres e a mulherada ficava fazendo as tarefas domésticas e cuidando da criação dos filhos. Você também se lembra dos últimos relacionamentos desastrosos das suas amigas, lembra que os homens sempre deixam vestígios e lembra que todo homem trai, já diz a velha sabedoria mundial.

Por que com você não pode ser diferente? Por que o seu homem não pode ser fiel? Por que você não pode acreditar na fidelidade? Por quê? Essas perguntas você não sabe responder. Você o ama, sabe que ele te ama, se dão bem na cama, na mesa e no banho. O relacionamento é gostoso, te faz bem, vocês são cuidadosos um com o outro, se respeitam e se admiram. Mas você, como mulher, não consegue abandonar aquela tarja preta que fica na testa de todas as mulheres: o medo da traição.

Meu lado que não entende

(Para ler ouvindo Nando Reis infinitas vezes.)

Será que eu falei o que ninguém ouvia
Será que eu escutei o que ninguém dizia
Eu não vou me adaptar...
Nando Reis

Algumas músicas me dão vontade de chorar, então mesmo que eu não queira o queixo começa a tremer, fico com aquela "cosquinha" no nariz, os pelinhos do braço se arrepiam. Outras me fazem viajar para um tempo bom ou inexistente. E essa música "Não vou me adaptar", do Nando Reis, é quase um Hino Da Minha Vida, tirando a parte da barba, claro, mesmo porque lugar de mulher barbada é no circo.

Sinto como se o mundo fosse uma grande festa Black Tie e eu estivesse de jeans rasgado e Havaianas, com todos me olhando e cochichando alguma coisa incompreensível. Apesar de ser boa em leitura labial nem sempre acerto todas.

Nunca vou entender a palavra egoísmo, pois acho de suma importância saber se colocar no lugar do outro. É um exercício tão fácil e indolor: gostaria que tivessem determinada atitude com você? Não? Então não faça com os outros. É primário, aprendi quando era criança. Lembro que mamãe dizia: "Filha, não arranca o brinquedo da mão do teu irmão, você gostaria que ele arrancasse a Benedita da tua mão?". Não, claro que não, a boneca Benedita era a coisa mais importante no auge da minha infância.

Sempre achei que ambição é uma coisa, ganância é outra. Uma linha bem fina separa as duas e muita gente acaba trocando as bolas e se confundindo. Ambição é algo saudável, é o que te impulsiona para a frente, é o que te move, te faz querer crescer e evoluir. Já a ganância é bem diferente e o mundo está cheio de gananciosos, que não têm escrúpulos, passam por cima de quem estiver pelo caminho para alcançar seus objetivos sem dó.

O mundo está de ponta-cabeça, os valores estão invertidos, o dinheiro e o poder são os dois elementos mais importantes na vida dos seres humanos, em vez do respeito e da solidariedade. A caridade, tão importante desde sempre, só tem espaço quando é para autopromoção. Tem alguém me fotografando? Vão colocar uma notinha no jornal? Então vou ajudar a instituição, o morador de rua, o que tem menos que eu. É assim que funciona, mas isso não vem do coração e o que não vem de dentro para mim não vale nada. Não me prometa mundos e fundos, pois não quero promessas, quero verdades.

Não sei como viemos parar aqui, não faço ideia como chegamos a este ponto. Quando as pessoas esqueceram o principal? Quando começaram a olhar apenas para o umbigo e o próprio espelho? Quando vão acordar? Será que vão acordar?

Tenho medo, muito medo do futuro. A cada dia que passa vivemos mais isolados, gradeados, com carro blindado, alarme, segurança. Não podemos sair andando em busca dos nossos pensamentos, pois a qualquer momento alguém encosta uma arma nas suas costas e anuncia um assalto. Não podemos ter tranquilidade na rua, em casa, no trabalho, no restaurante. Tem gente assaltando parque de diversões, salão de beleza e cinema. Não temos paz em nenhum lugar.

O que vai acontecer? Olha, eu realmente me faço essa pergunta todos os dias. Alguma coisa tem que mudar, senão vamos continuar vivendo nessa selvageria até que não reste uma pessoa sequer neste mundo insano.

Do que ainda não aprendi

(Para ler ouvindo o som dos pássaros.)

Não sei plantar bananeira, dobrar a língua, fazer conta de cabeça, colocar pouca coisa na mala, comer só um quadradinho da barra de chocolate e dobrar lençol de elástico. E pergunto: quem em sã consciência consegue dobrar lençol de elástico? É a coisa mais difícil da vida inteira.

Compro cremes que não uso, revistas que não leio e sapatos que só coloquei nos pés na loja. Mas não pense que sou uma consumista compulsiva, na verdade, tento fazer várias coisas ao mesmo tempo e nem sempre sei planejar direito o meu dia. Além disso, todo mundo tem aquele sapato preferido de todo dia, não é?

Nunca usei calça de couro e unhas arredondadas, já cortei franja e fiquei parecendo uma Paquita em começo de carreira e salto muito alto me deixa completamente descoordenada. Minha memória visual é muito boa, mas nem sempre lembro o nome de ruas e pessoas.

E quer saber um segredo terrível? Quando não estou com saco de cumprimentar alguém aumento o som do iPod e fico com cara de estou-nas-nuvens-neste-momento. É uma tática infalível, pois o vivente se sente mal em tirar você daquele mundinho todo seu. É tiro e queda, experimente. Também dou aquela apertada no passo se vejo que na quadra seguinte vem vindo aquela ex-colega chatérrima de trabalho.

Tudo para não ter que parar, conversar o superficial, rir do que não acho graça e fazer social. A coisa que mais detesto na vida inteira é fazer social. Por isso, se não quero falar dou um jeitinho todo maroto de fugir.

Já viu que sempre que estamos com aquela roupa cafona de ir na padaria encontramos um ex-namorado ou aquela deusa da oitava série? É impressionante. Você, com o cabelo bagunçado e a calça desbotada, encontra aquele que foi um amor louco. Ele te olha dos pés a cabeça, você não consegue se esconder ou apertar em um botão mágico e se teletransportar para a Daslu e o primeiro salão para dar aquela escovada amiga na juba. Ele segue te olhando, você segue pensando, até que apela: vou ser engraçada. A graça é a melhor saída das mulheres. É aquilo que quebra qualquer gelo, é o que faz o mundo parecer mais levinho, é o que faz a outra pessoa esquecer que você está completamente maloqueira. Então ele ri e você pensa uau-ainda-sei-fazer-rir-imagina-se-eu-estivesse-toda-produzidamente-gata?

Você, com o cabelo bagunçado e a calça desbotada, encontra a deusa da oitava série. Aquela que todo mundo queria ser amiga, que todos os meninos queriam namorar. Aquela que tinha o nariz mais bonito da face da terra, as canetas coloridas mais cheirosas de todo o universo, a coleção de adesivos mais extensa de toda a América Latina. A musa da oitava B. E o tempo, veja bem, o tempo só fez bem para aquela criatura, que tem silicone, corpo de Panicat, cabelos *à la* Bündchen. E você de calça desbotada, cabelo não lavado e preso de um jeito que nem você acreditou quando deu aquela olhadela no espelho do elevador. Ela abre um sorriso com clareamento imenso, você abre um sorriso tímido. Ela abre os braços e grita seu nome, você solta um oi bem baixinho. Ela conta as novidades maravilhosas sobre a vida de Panicat ex-oitava B e você conta que saiu de casa com aquela roupa porque, porque, ah, porque estavam dedetizando a sua casa e não deu para pegar uma roupa melhor porque, porque, ah porque quando você percebeu eles já estavam dedetizando. Desculpinha furreca, mas ela caiu. Ela conta como andam as mil maravilhas os contratos que tem fechado e você explica que nem conseguiu lavar o cabelo. Sim, você se justifica para ninguém pensar mal de você. Fica se explicando, dando desculpas, motivos, pra quê? Porque quer ser amada, como todos nós.

Aquele cara

(Para ler elaborando a lista de todos
os que já fizeram isso com você.)

Você está curtindo sua solteirice com tudo de bom que ela tem a oferecer quando uma amiga diz que vai te apresentar o amigo do namorado dela. Opa, é bonito? Sim. Opa, é legal? Sim. Opa, opa, opa. Ela, ardilosa de carteirinha, arma um esquema perfeito: um churrasco no final de semana. Antes, é claro, você dá uma olhadinha no perfil do sujeito nas redes sociais. Interessante, muito interessante.

A semana se arrasta, mas finalmente chega quinta-feira. Vai ao salão de beleza, tira a sobrancelha, o buço, depila a virilha (longa, pois nunca se sabe o dia de amanhã), faz as unhas dos pés, das mãos, retoca a raiz e faz uma hidratação. No sábado, dia do churrasco, toma o Banho Diva, que consiste em passar xampu antirresíduos, xampu normal, máscara, esfoliante, sabonete normal, óleo corporal com direito a massagens em movimentos circulares para ativar a circulação.

Circulação ativada, você sai do banho, seca todo o corpo com uma toalha felpuda, coloca algodão com chá de camomila em volta dos olhos, passa creme nos pés, no corpo todo, nas mãos, aquele perfume em lugares estratégicos e começa A Saga Da Roupa. E pensa: se o vestido for muito curto ele vai pensar que sou piriguete. Se o decote for muito profundo ele vai pensar que sou piriguete. Se a calça for muito justa ele vai pensar que sou piriguete. Não tenho roupa! Toda mulher em algum momento da vida acha que não tem roupa.

Depois de um breve momento de surto você resolve reorganizar o armário e seus pensamentos. Uma roupa tem o poder de fazer você se sentir confiante, segura, de bem com a vida e com o corpo. O corpo! Justamente ele, ordinário, traiçoeiro, resolve evidenciar um pneu aqui e outro ali. Você respira fundo, busca a sensatez em algum canto e resolve colocar um jeans, uma sandália e uma blusinha, afinal, é só um churrasco, não um baile de gala. Usa uma maquiagem leve, coloca o pé para fora de casa e volta. Está muito calor na rua, por isso você troca o modelito: vestido. Sem decote, na altura do joelho, boa moça.

A casa da Ana já estava cheia, todo mundo no churrasco. Menos ele. Então surge a dúvida inevitável: será que ele não vem? Será que viu seu perfil nas redes sociais e deu para trás? Será que meu poder de sedução já era? Será que gastei os tubos no salão para nada? Por que estou tão importada por causa de um cara que eu nem conheço? No meio dos pensamentos, alguém te puxa pela mão e diz:

– Flávia, este é o Marcos.

Você solta um oi, um sorriso, uma cara de besta. Tudo ao mesmo tempo. O cara é um desbunde, muito melhor que as fotos. E vocês engatam um assunto atrás do outro, opa, que legal, ele também sabe conversar. E quando você vê está completamente de quatro, alucinada, apaixonada, encantada por aquele ser que até então estava escondido em algum dos quatro, cinco, dez cantos do mundo. Até que ele te beija. E te beija de um jeito que te deixa maluca. E te beija mais e mais e mais. As pessoas começam a ir embora, ele se oferece para te levar em casa e você aceita. Entra no carro e quando vê ele não está te levando para casa e sim para a casa dele. E você topa, vai, nem pensa, só vai, lembra da depilação em dia, da calcinha bonita e chega na casa dele. Pede para ir ao banheiro, verifica se está tudo em ordem com os países baixos e altos e pensa é-hoje-que-vou-me-dar-bem. Até que uma interrogação enorme surge no meio da sala.

Não, a interrogação não é o negócio enorme do cara. É uma dúvida: será que ele vai me achar fácil? Para, para, estamos em dois mil e treze. Mas será que ele vai pensar que eu transo com qualquer um, que já transei com outros amigos dele, que transo com qualquer amigo de namorado de amiga? Será que ele vai transar comigo, me dar dinheiro para o táxi e nunca mais me ligar? Ele nem pediu meu telefone ainda. Será? Deixa de ser boba, para de pensar, aproveita, te joga, o cara é um gato, relaxa, goza, aproveita, faz valer a pena a grana gasta na beleza.

O cara te pega pela cintura, enche teu corpo de beijos, você só pensa dane-se. Azar. E se entrega. Se entrega como nunca se entregou. Faz tudo que tem vontade. Aproveita e vive, porque a vida é uma só. Cansados, deitam lado a lado. Ele pergunta se você está com fome, prepara um sanduíche. Vocês comem, você toma cuidado para não rir, afinal, uma alface sempre pode grudar no dente da frente. Tomam Coca-Cola, você segura o arrotinho para dentro, afinal, é uma *lady*. Uma *lady* que dá para um cara que está a fim, quando está a fim e não há nada de mais nisso. Então vocês transam de novo. E de novo. Até que você acorda com um raio de sol, é domingo, 9 horas, ele dorme um sono angelical, você junta suas roupas, se veste, anda pé ante pé, até que ouve a voz dele te chamar. Então você sorri e pensa: quantas bobagens a gente pensa nessa vida. E transa de novo. E de novo. Depois ele te deixa em casa, pede seu telefone, você dá e ele diz que te liga mais tarde. Você chega em casa realizada, toma um banho, deita, descansa e hoje se lembra dessa história que aconteceu há dois anos.

(E ainda espera ele ligar...)

O jeito que você é

(Para ler jogando fora algumas revistas.)

As revistas de moda e beleza prestam um desserviço à maioria das mulheres. Vamos ser sinceras: o Photoshop é usado indiscriminadamente. Ele não faz cerimônia. Sim, eu sei que muita gente tem perna fininha, barriga negativa, bunda lisa. Mas essas são poucas, não é a maioria. Vá até o Centro da cidade, dê uma bela olhada nos corpos femininos. O corpo da maioria da população, da massa, não é retinho, simétrico. E te pergunto: quem disse que precisa ser assim?

Até onde eu sei não existe nenhuma lei que diga que a mulher precisa ser muito magra. Mas a mídia insiste em mostrar mulheres secas ou com o corpo definido por horas de musculação e treino pesado. Tudo isso para quê? Qual o objetivo? Magreza é saúde? Um corpo torneado é necessariamente sadio?

Quem não tem boa genética faz loucuras para ficar em forma. Antigamente, ser saudável era ter curvas, tanto que as mulheres eram bem corpulentas. Mas alguma coisa mudou, hoje em dia tem que ter a barriga chapada, afinal, é o que as revistas mais ensinam. "Seque a barriga em dez dias." Você quer mesmo secar a sua barriga? Vou mudar o foco da pergunta: você gosta da sua barriga? Ou passou a não gostar porque todo mundo disse que o legal é ter barriga negativa?

Todo dia surge um novo termo, uma nova expressão para um corpo considerado bacana. Nas revistas masculinas, as mulheres nuas aparecem sempre bronzeadas, saradas, sem nada fora do lugar. É essa a imagem que vendem: mulher perfeita. Só que quando a mulher tira a roupa e se olha no espelho não é bem daquele jeito que fica. Falta a maquiagem, falta o Photoshop, sobra a naturalidade e as pequenas imperfeições. E te pergunto: quem estabeleceu essa regra de que mulher perfeita é a mulher com silicone, com bundinha dura, com barriga seca, com braços sem o "músculo do tchau" balançando?

Quem inventou isso merece um soco bem no meio da cara. Não tenho que ser como a mulher da revista, como a modelo da passarela, como a atriz da novela. A modelo vive para isso, ela precisa ser esquelética, senão nenhuma roupa vai ficar boa na hora do desfile. A atriz precisa estar com o corpo mais magro, pois a televisão engorda e disseram, em algum momento do mundo, que ninguém pode ser gordo. Então a atriz precisa ser magra. Mas você está fora da mídia. E te pergunto novamente: você gosta do seu corpo?

Já me convenci que nunca vou ser magra, apesar de já ter feito, sim, muitas dietas malucas. Sou corpulenta, não posso lutar contra a minha genética. Então eu me aceito. Mas não ser magra é uma coisa, ser gorda é outra. Não me sinto bem acima do peso, pois nenhuma roupa fica bonita, minha autoestima vai lá no chão, não gosto do que vejo. Mas é porque eu não gosto, não é porque quero ser capa de revista. Mesmo porque eu já te expliquei: nunca vou ser magra. Mas não quero ser gorda, pois não me sinto bem e não acho saudável.

O bom mesmo é ter uma alimentação rica em fibras, carboidratos integrais, proteínas, legumes, verduras, frutas.

Muita água e atividade física regular. Isso faz bem para a saúde, para a cabeça e para a pele. Não existe fórmula mágica para perder peso: precisamos gastar mais do que consumimos. Por isso o exercício é fundamental no processo, além de fazer muito bem para a saúde.

Sou contra qualquer tipo de loucura, como chupar gelo, comer só alface, comer uma fatia de queijo, comer uma bolacha quando o estômago dói. O jejum prolongado, ao contrário do que pensam, não é eficaz. É prejudicial, isso sim. Quer emagrecer de forma saudável? Coma de 3 em 3 horas, beba bastante líquido, invista em frutas, legumes, carnes magras, integrais. Corte frituras, gorduras, doces. Aprenda a ler rótulos, evite o excesso de sódio e de gordura trans. Seu coração agradece. E seu corpo também.

Nunca, nunca esqueça a pergunta básica: me sinto bem com meu corpo ou a mídia quer que eu me sinta mal com meu corpo? São coisas completamente diferentes. Dane-se a mídia, dane-se a mulher perfeita, dane-se a mulher fruta da vez. Você precisa se sentir à vontade dentro de você. Mesmo que você se sinta à vontade cinco quilos acima do peso considerado "ideal". Mesmo que você se sinta à vontade com aquela cartucheirinha do lado. Mesmo que você se sinta à vontade com uma bunda grande demais. Mesmo que você se sinta à vontade quando o mundo inteiro diz que o certo é ser do jeito que você não é.

Traição a si mesmo

(Se você estiver passando por um período traiçoeiro, por favor, pule para a próxima crônica.)

Alice conheceu Jorge no escritório de contabilidade onde trabalha. Um dia, depois do expediente, eles foram em um *happy hour* com os colegas. Papo vai, papo vem, descobriram mil e cinco afinidades. Ela tinha um jeito meio espevitado e autêntico, ele já era um pouco mais fechado, mas brincalhão e divertido. Alguns dias depois, outro *happy hour* e Jorge levou Alice em casa. Antes de ela descer do carro eles se beijaram. Ela voltou pra casa com o coração acelerado, pensando se aquilo iria afetar o relacionamento deles no trabalho. O que ela não esperava é que um simples beijo iria mudar a sua vida. Daquele dia em diante todos os dias foram de beijos. E uma nova história de amor começou no mundo das histórias de amor.

Alguns meses depois os dois já estavam dividindo o mesmo banheiro, o mesmo colchão, a mesma mesa de jantar e o mesmo guarda-roupa. A metade era de um, a outra metade de outro. Como Alice tinha muitas roupas deu logo um jeito de comprar mais um guarda-roupa. A vida a dois no início era muito gostosa, mas logo a rotina se instalou. Ambos trabalhavam no mesmo local, iam juntos para o trabalho, almoçavam separados, voltavam juntos para casa, Alice preparava o jantar, Jorge lavava os pratos, os dois sentavam no sofá para assistir a novela das oito. Depois, Jorge corria na esteira e Alice lia. Se encontravam novamente na cama, onde às vezes transavam e outras vezes se abraçavam até o sono chegar.

Ele, por ser um pouco mais reservado, demorava a falar sobre seus anseios e questionamentos. Ela, por sua vez, ajudava Jorge a colocar todos os seus demônios para fora. E ia além: brigava com os demônios do quase marido. Jorge se sentia seguro, em paz, pois finalmente alguém tomava conta dele. Se sentia quase como um recém-nascido, ninado, cuidado, confortado. Era exatamente assim que Alice fazia o namorado se sentir: como um bebê bem protegido dos males do mundo. Ele repetia sempre que ela era a mulher mais perfeita que ele já tinha conhecido.

O problema é que Jorge esqueceu de avisar sua namorada que as pessoas são perfeitas até o momento em que deixam de ser. Ou até o momento em que uma pessoa mais perfeita que a perfeição aparece no meio do caminho. E por essa ninguém esperava, afinal, quando a gente se joga de corpo e alma em uma relação acha que vai ser pra sempre.

Uma noite, na academia do prédio, Jorge estava correndo na esteira e conheceu Carolina, a vizinha do 1102. Que vizinha!, ele pensou quando viu a loira sentar na bicicleta e começar a pedalar. Ela não era alta, tampouco tinha cara de mulher fatal. Não usava decote, mas tinha os seios fartos. O cabelo era comprido, o rosto angelical e um pouco infantil. Foi um encanto ao primeiro olhar. Ele não conseguia tirar os olhos do rosto de Carolina, que chegou a perceber os olhares do vizinho. A partir daí, toda a noite ele torcia para encontrar aquele anjo em forma de mulher. E encontrava. Aos poucos, começaram a trocar algumas palavras.

Quando Jorge percebeu já estava apaixonado. Mas ele gostava da vida que tinha, da mulher que o apoiava, que estava ao seu lado nos melhores e nos piores momentos. Ele sabia que aquilo não era certo. Ainda não tinha feito nada, sabia que não podia dar uma facada no meio das costas da Alice, a doce Alice, que resolvia todos os problemas em um passe de mágica.

Dois meses se passaram, Jorge foi se tornando um pouco mais distante de Alice, que não estava percebendo muita coisa, afinal, o namorado não tinha mudado nada na rotina. Então em uma noite aconteceu o inevitável: Jorge foi para a casa de Carolina. Voltou para a casa cansado e suado e Alice não desconfiou que ele tinha se envolvido de uma forma tão profunda com outra mulher. Não era apenas sexo, era encantamento, era paixão, era algo que ele precisava desesperadamente viver e sentir. Assim, todas as noites, Jorge não mais corria na esteira, e sim para a casa de Carolina.

Como mentira tem perna curta, um dia o pai dele sofreu um acidente de carro e Alice precisava avisá-lo do ocorrido. Foi até a academia e não encontrou ninguém. Voltou para a casa com a sensação de quem perdeu a chave de casa, sem saber que havia perdido algo muito maior. Jorge chegou, suado, dizendo estar cansado de tanto exercício. Alice, então, contou sobre o seu pai e disse que o procurou na academia, sem sucesso. Chegou perto do namorado para um abraço, afinal, o pai dele estava hospitalizado em estado grave, e sentiu um cheiro diferente.

Depois de ser colocado na parede, ele finalmente assumiu. Sim, estava tendo um caso tórrido com a vizinha do rosto angelical e peitos de atriz pornô. Sim, ele estava envolvido. Sim, ele gostava de Alice. Sim, ele gostava das duas. Ela pediu por favor pra ele dizer que aquilo tudo era mentira. Mas não era. Se perguntou onde errou, onde pecou, onde perdeu o ponto. Ele disse que ela era perfeita. Mas que a outra também era. Alice se sentiu em um filme, pensou em mandá-lo embora, pensou em ir embora, pensou no que pensar. E resolveu ficar, já que seu amor por Jorge era maior que tudo. Até do que o amor por ela mesma.

O famoso taco

(Leia pensando se você
efetivamente sabe o que isso significa.)

Alguém já deve ter te perguntado se você confia no seu taco. Não importa o motivo, a ocasião ou a intimidade com a pessoa em questão. O que diabos querem dizer com isso? O raio do taco é tão relativo, mas tão relativo. Primeiro, se você está *naqueles* dias é claro que não vai confiar em ninguém, muito menos em você mesma. Se apareceu uma espinha enorme cheia de pus no centro do rosto, que te deixa parecendo um unicórnio, é lógico que você está se sentindo péssima. Se você está com a pulga atrás da orelha por conta daquela amiga do seu namorado que a cada dia que passa fica mais próxima e íntima e ela é simplesmente deslumbrante é evidente que você vai balançar.

É importante fazer massagens relaxantes e drenagens linfáticas constantes na autoestima, mas às vezes ela surta. Sim, ela surta, fica louca, descontrolada, imagina coisas, cria situações, vê pelo em ovo. Muitas vezes fantasmas arrastam correntes na casa da autoestima. E não há padre que consiga fazer um exorcismo eficaz.

Se você coloca uma roupa e fica estranha, já começa a se sentir inadequada. Se vai à praia e vê que aquela celulite nasceu e se reproduziu no meio da coxa, se cobre com a canga. Se alguém te chama de fofa, você já pensa que engordou. Não tem jeito, a autoestima das mulheres é sensível.

Confesso que admiro quem nunca se abala, mas me pergunto: será que essas pessoas são fingidas? É que de tanto representar uma hora a gente acredita na própria mentira. É impossível que uma pessoa nunca se abale, nunca se sinta um lixo, nunca duvide do seu poder de superação, renovação, sedução.

Por favor, não me venha com o papo de sexo frágil. Uma coisa não tem nada a ver com a outra. Conheço um bocado de homens pra lá de inseguros. Acho que tudo tem a ver com a maturidade. De se assumir, de ser livre, de não dar bola para o que falam, de aceitar que nada é 100% nunca.

O meu maior problema é que não cresço nunca. Fico numa busca constante por aprovação, seja no ambiente de trabalho ou familiar. Até mesmo na roda de amigos. Todo mundo quer ser amado e querido, eu também. Então não cheguei nesse nível de evolução e maturidade de fazer um gesto obsceno pra quem não gosta de mim, da minha espinha no centro da cara ou do meu jeito de ser. Eu simplesmente me importo. Fico chateada quando me sinto trocada, diminuída, deixada de lado ou passada para trás. Me incomoda saber que a qualquer momento o taco de alguém pode ser melhor que o meu. Porque é. Porque são. Porque essas coisas existem. Porque sempre tem um que é mais legal, mais bonito, mais gente boa que eu e que você.

De vez em quando eu penso ah-se-eu-fosse-bem-resolvida. Vejo que a moça que mora no andar de baixo está sempre com um sorriso no rosto, é gentil com todos, o cabelo dela e ela estão sempre arrumados, no final de semana a casa dela está cheia, o gato dela de estimação é superbonitinho, a casa dela está sempre limpinha e, pra completar, ela aguenta a aula de *spinning* inteira sem suar. Já viram isso? Sem suar. Ela não é normal, não é humana, deve ser algum ET disfarçado de gente. Então eu olho pra ela e penso que ela é superbem resolvida e que minha vida é toda mal resolvida e que se as coisas fossem diferentes as coisas seriam diferentes. Entende? Sei que fica um pouco confuso, mas também sei que você consegue me entender e sentir isso que falo. Ah, se eu fosse bem resolvida. Então eu lembro que ninguém é. Nem ela, por mais que se encha de tarja preta para tentar viver em um mundo (im)perfeito.

A curiosidade feminina

(Porque a gente nunca se aguenta e tem a mania de procurar coisa onde não tem.)

Ele chega na sua casa animado contando sobre o dia no trabalho. Você ouve e conversam sobre os acontecimentos mais importantes das últimas 24 horas. Percebe que adora esse momento, essa rotina, essa cumplicidade que ninguém tira. Até que ele comenta da Roberta. Mais de uma vez.

Você ri, sorri e fica pensando será-que-ela-é-gata-será-que-ela-é-solteira? O será te perturba e maltrata. Mas você não quer fazer papel de boba, não quer passar recibo de ciumenta, não quer dar pinta. Então se cala e finge que não ouviu os mil elogios a respeito da coleguinha.

Chega em casa e vai praquele que é o dedo-duro das relações: Facebook. Procura "Roberta" nos amigos e se depara com uma morena de cabelos lisos, olhos expressivos, sorriso simpático, corpo em dia. E ainda por cima ela é legal e inteligente. Você pensa que ele também deve achá-la bonita, legal e inteligente (e que todos os homens do mundo devem ter a mesma opinião).

Aquele ciúme bobo que chega sem avisar, que aparece nas situações mais inocentes possíveis fica coladinho em você. Vira o melhor amigo. Ou seria o pior inimigo? Roberta, a colega de trabalho vira Roberta, a vagabundinha do trabalho. É assim que você se refere a ela para suas amigas. Detalhe: ela nunca fez nada para você, não usa roupas provocantes, não se insinua para seu namorado, inclusive ela é muito bem comprometida, mas isso não importa. O ciúme é realmente um bichinho que vai correndo nosso corpo e minando nosso pensamento.

Um belo dia você comenta que viu o perfil da Roberta. Ele estranha e pergunta o motivo. Você fala que as mulheres são assim, ora. Ele se assusta um pouco com a sua atitude e você diz que isso faz parte do cuidado feminino. Ele encara como uma patologia, você tenta arrumar justificativas para sua quase desconfiança. Ele não entende, você se arrepende por um minuto de ter dado trela para o pensamento. Porque é isso mesmo: o pensamento vem, mas se a gente dá trela pra ele o mundo vira de cabeça para baixo, pois o querido resolve trazer toda a sua família, com direito à tataravó de bengala.

Pelo amor de Deus, você é maluca!, você ouve. Amor, não é nada disso, eu confio em você, só queria ver quem era a tal Roberta!, você responde. Ela não é uma tal, ela é apenas uma colega, você tem algum problema?, ele se exalta. Ah, tá defendendo?, você se irrita. Você é maluca, fica me patrulhando, fica o tempo todo cuidando dos meus passos, não posso falar com mulher nenhuma que você acha que aí tem coisa!, ele reclama. Não é isso, só fui ver quem era, se você ficou tão nervoso é porque tem algo pra esconder!, você grita. Então ele sai e bate a porta tão forte que acorda o andar inteiro. E você chora, por tudo: por ter desconfiado, por ter investigado, por ter contado, por ter discutido, por ter essa mania escrota de ver pra crer, por ser assim, toda feminina e encasquetada com as coisas.

Manda uma mensagem que ele não responde. Envia um e-mail que ele não diz se recebeu. Até que resolve ligar com a voz no tom-me-desculpa e ele diz que sim, que te desculpa, mas que ficou impressionado e preocupado e apavorado com a sua atitude, pois daqui a pouco até da irmã você vai sentir ciúme. E você diz que não é bem assim, que ele está exagerando, que você não é uma ciumenta compulsiva, que você não precisa de tratamento de choque, muito menos de talheres de plástico, que você não oferece um perigo para a sociedade. E nem para a vagabundinha da Roberta. E ele te pergunta o-que-você-disse, por que está chamando a menina assim, o que ela te fez, ela não é vagabunda coisa nenhuma. E você começa a gritar alucinadamente o-quê-você-tá-defendendo-essa-piranha-de-novo? E ele desliga o telefone na sua cara.

Você liga de volta e ele não atende, manda uma mensagem que ele não responde, envia um e-mail que ele não diz se recebeu. E resolve bater na porta dele, ignorando o fato que já é madrugada. E ele atende com cara de sono e você pergunta como-você-consegue-dormir-tranquilo-depois-dessa-briga e ele diz que está com sono e você quer sentar e resolver as coisas e começa a chorar e ele fala que está cansado e é melhor conversarem no outro dia e você pede desculpa e ele diz que a menina não fez nada pra você e não tem por que falar mal dela e você pergunta o-quê-você-tá-defendendo-essa-piranha-de-novo e ele manda você ir embora para vocês conversarem no outro dia porque agora você está muito nervosa e você diz não-tô-nervosa-não e ele diz por-favor-vai-pra-casa e você fala que ele não quer resolver as coisas e ele começa a gritar descontroladamente e você começa a chorar e diz você-não-me-ama-mais e ele diz que ama, mas que você está fazendo um papelão ridículo e você diz só-a-Roberta-não-é-ridícula e ele diz chega-não-dá-mais-acabou. E você se arrepende até o fim da vida por ter encrencado com a Roberta. Aquela vagabundinha.

Não sei onde vou te esconder

(Para ler tentando não lembrar.)

Confesso que já fiz de tudo para tentar ficar com você. Já fiz simpatias, rezei para todos os santos, fiz promessas e sacrifícios, percorri todas as cartomantes da cidade, gastei uma grana preta, escrevi seu nome no pé direito, coloquei seu nome em um papelzinho e deixei dentro de um pote de mel, colei a sua foto juntinho da minha e fiz macumba. Nada disso adiantou, pois você não veio.

Não sei em que ponto eu me perdi de você ou onde nossa história parou de acontecer, sei que dentro de mim as coisas continuam acontecendo. A cada noite, toda vez que encosto a cabeça no travesseiro penso na gente, na vida que não tivemos juntos, na rotina que não chegou a acontecer, nas festas de família que não fomos, nas idas ao supermercado que não aconteceram, nos domingos juntos jogados no sofá assistindo a filmes antigos que jamais existiram. Ou existirão.

Depois que você partiu fiquei com um buraco na vida, os dias começaram a andar tão devagar quanto uma tartaruga idosa. Já perdi as contas de quantas vezes repassei mentalmente a nossa última conversa e não entendo como pude deixar você escapar tão lentamente das minhas mãos. Fiquei paralisada, sem reação, olhando o horizonte vazio, de frente para um futuro solitário e triste.

Quem quer viver sozinho? Todo mundo quer um amor para fazer a vida acontecer. Eu sei, sei que a vida acontece a todo instante, mas ela tem muito mais graça quando temos um par, um alguém para dividir nossas insanidades e nossos momentos de lucidez. Alguém para rir do nosso cabelo desgrenhado, para dizer que nossas piadas não têm a menor graça, para ajudar a bagunçar os lençóis e esquentar os pés nas noites frias de inverno. Alguém que nos faça dar uma trégua, que nos tire do lugar comum, que faça os dias normais parecerem surreais, de tão intensos e inteiros.

É claro que fiz planos para e com você. Imaginava o dia em que ficaríamos juntos para sempre, pois nos sonhos o momento mais esperado é o para sempre. Mas o nosso momento não chegou e não sei se quando ele chegasse eu estaria pronta. Talvez essa coisa de amor seja complicada demais para uma pessoa tão orgulhosa e difícil como eu. Não consigo me entregar totalmente, fico sempre com o pé atrás, não sei confiar a minha vida e o meu coração para um outro alguém. Deve ser medo de sofrer, pois já sofri tanto que estou completamente remendada. Não quero que mais ninguém me destrua e essa precaução extrema e severa me fez deixar você ir sem tomar nenhuma atitude.

Eu sei que relacionamentos à distância são complicados, que exigem empenho, paciência, tolerância, perseverança, confiança. Tentei, juro, mas tudo fugiu do meu controle. É tão mais fácil a vida de quem mora na mesma cidade, de quem se vê todo dia, de quem não precisa contar com a ajuda da internet para namorar. Queria você comigo o tempo inteiro, mas não sei se conseguiria lidar com a sua presença constante. Me perdoa, tive medo de amar. E agora por mais que eu queira não posso fazer o tempo voltar para te ter novamente.

O que você acha é problema seu

(Para ler elaborando uma listinha de
todo mundo que se mete onde não deve.)

Não consigo entender essa mania que a sociedade tem de traçar metas para a vida das pessoas. Se você é mulher, já sabe o que está na cartilha: precisa ter uma carreira e uma bunda bem-sucedidas, tem que casar e procriar e se cozinhar bem ganha uma estrelinha. Se você tem uma carreira meia-boca, é solteira, decidiu não ter filhos e vive de tele-entrega está lascada, não passa no Teste do Inventor Babaca.

Parece que o mundo espera robôs que se vestem, falam, agem, andam e fazem tudo da mesma forma. Se você é diferente é apontado na rua, é comentado nas rodas de bar, é criticado por gente que nem conhece. Acho que a primeira imagem de mulher solteira que vem à cabeça das pessoas é uma pessoa amarga, que mora em um apartamento úmido, escuro, com dez gatos, e que fica de robe, pantufas e bobes nos cabelos o dia inteiro, fumando e segurando uma xícara de café com unhas enormes parecidas com a do Zé do Caixão.

Nem todo mundo é obrigado a ter os mesmos sonhos que você. Nem toda menina cresce e vira uma mulher que acha que tem que ser boa em tudo, dar conta de tudo, ter sucesso em tudo. Algumas mulheres investem mais na vida profissional. Fazem mestrado, doutorado, especialização, cursos em geral, viajam por todo o mundo e mal param em casa. O apartamento é usado apenas para dormir e receber amigos nos finais de semana. Outras tantas investem o que podem na vida profissional e aproveitam o resto do tempo para desfrutar da vida pessoal. Então, saem, se divertem, conhecem pessoas, namoram.

Algumas querem se prender, outras preferem a liberdade da solteirice. Algumas sonham em casar e o maior sonho da vida é serem mães, outras detestam crianças e preferem apenas ter um peixinho laranja no aquário, que não chora de madrugada, não suja fralda, não faz bagunça, não traz olheiras e tira as noites de sono. E não há absolutamente nada de errado nisso.

Muitas fazem cursos de gastronomia, compram revistas de culinária e reviram sites em busca das melhores receitas *light*. Outras adoram o velho e bom miojo, que fica pronto rapidinho e não suja mais que uma panela. Nem todo mundo tem tempo e paciência para ficar na cozinha, a praticidade fala mais alto em muitos momentos. Nada melhor que pegar o telefone e ligar para o *delivery* preferido.

Tem gente que sente falta de um corpo colado no seu à noite, outros preferem dormir bem esparramados numa cama enorme de casal. Sozinhos, é claro. O fato é que não existe uma enciclopédia que diga como as pessoas devem se comportar e viver suas vidas, sejam homens ou mulheres. Nem todo mundo quer se amarrar, se enroscar em alguém. São escolhas, opções. Mas parece que os outros, familiares, amigos e conhecidos, cobram que você seja um profissional de sucesso, tenha um bom casamento, filhos saudáveis, seja bonito e interessante os 365 dias do ano. E isso é impossível, não existe essa vidinha de comercial. Todo mundo tem um calo que aperta, uma conta que acumula em cima da mesa, uma reticência com mais de três pontos.

Você não é casado e tem filhos? Nossa, que horror. Peraí, que horror para quem? Pra você, que sempre sonhou em casar, ter filhos e uma cortina esvoaçante e estampada no quarto? Você não fez doutorado? Nossa, que péssimo. Peraí, péssimo para quem? Pra você, que sempre quis ser o melhor dos melhores em tudo? Você não sabe fritar um ovo? Nossa, que horror. Peraí, que horror para quem? Pra você, que adora inventar uma receita nova na cozinha?

Ninguém tem que ser igual a mim ou a você. O que eu escolhi, o que desejo para a minha vida e o que acho "correto" é problema meu, não posso obrigar outra pessoa a ter os meus sonhos. Muito menos criticar um estilo de vida, postura ou escolha. Porque as pessoas escolhem, sim, como querem viver. E a gente tem que parar de querer dar pitaco e achar que tem o direito de dizer o que é melhor para os outros.

A falta que você não me faz

(Leia pensando se está tudo em ordem aí dentro.)

Houve um tempo em que me senti deslocada, não sabia direito a que grupo pertencia. Mas daí fiquei me perguntando se a gente tem mesmo que pertencer a algum lugar. Não entendo muito porque as pessoas acham que precisam agir igual todo mundo.

Beijei e transei depois que a maioria já tinha beijado e transado. E não tenho nenhum trauma disso, por mais que diversas vezes eu tenha me sentido uma carta fora do baralho. Minhas amigas se reuniam e conversavam sobre com quem tinham "ficado" no último final de semana e eu me sentia meio de fora do papo. Mas sempre tive uma coisa muito clara na minha cabeça: não vou fazer só porque todo mundo fez. Isso se chama personalidade. Não importa quantos anos nós temos ou a bagagem que carregamos nas costas, ter opinião é tão importante quanto usar roupa para sair nas ruas, afinal, ninguém anda pelado por aí.

Acho o beijo tão pessoal que nunca gostei de sair beijando qualquer pessoa, pois não sei onde a pessoa anda com a boca. Transar, então, é mais pessoal ainda. Confesso que me entristece ver que hoje em dia as meninas beijam cada vez mais cedo e saem fazendo sexo por aí como se fosse a coisa mais normal do mundo. Entenda: o sexo é, sim, a coisa mais normal do mundo, mas fazê-lo com o primeiro que aparece pela frente para mim não é.

O corpo é seu e você deve seguir seus instintos e vontades, desde que aja com responsabilidade e prudência. Todo mundo sabe que transar sem camisinha é uma porta aberta para doenças sexualmente transmissíveis e uma possível gravidez indesejada. Portanto, é de extrema importância fazer sexo seguro. O cara pode ser bonito e ter infinitas perebas, doenças e o escambau. Só porque o bonitão é perfumado e anda sempre arrumadinho não quer dizer que ele seja saudável. Além disso, existe uma outra coisa: nunca sabemos se a pessoa que parece inofensiva não é na verdade um maníaco sexual, um tarado ou algo do gênero. Por isso, sempre tive lá minhas cautelas. Transar, só depois de conhecer bem o cara, só depois de me apaixonar pra valer, só depois de me sentir segura e envolvida. Nunca fui de agir só pelos desejos, pois eles nos traem com frequência.

Em um determinado período, todas as minhas amigas tinham namorado, menos eu. Se eu me sentia um peixe fora d'água? Às vezes. Mas resolvi não me importar muito com isso e tocar a vida. Nunca fui muito fã de estar com alguém só-pra-constar, só pra ter companhia no sábado à noite. Acho que um namoro vai além das aparências, vai além de jantarzinho de casal, vai além de amassos e sexo, vai além de cinema e outros programas no meio da semana, vai além do além. Entende? Jamais vou namorar ou estar com alguém apenas por medo de uma solidão que todo mundo sente, já que ter uma pessoa ao lado não é garantia nenhuma de preenchimento dos nossos próprios vazios. Mas tem gente que se engana, que acha que os outros podem tapar seus próprios buracos e acho que não é bem por aí. Então, quando eu me sentia um peixe fora d'água pensava que muita gente vive um relacionamento de merda apenas por medo. E mentalmente eu sorria nessas ocasiões. Ninguém entendia e muitos me achavam esquisita, mas eu sorria aquele sorriso de satisfação e pensava: ainda bem que não sou assim.

Eu não entendo esse seu amor

(Para quem muitas vezes não entende as atitudes de uma pessoa que diz que te ama.)

Você sabe que não sou de jogo e, por mais que eu tente disfarçar, costumo dizer o que sinto. Já tentei esconder quando algo não vai bem, mas não fico confortável. Acho tão mais simples esclarecer as coisas, dizer o que incomoda, o que agrada, o que não é aceitável. Isso evita mal-entendido e qualquer desconfortinho bobo.

O problema é que você só pensa em você. Por favor, não me venha com desculpas, não diga que não é bem assim, não fale que estou criando caso ou fazendo drama. Você não tem aquele costume nobre de pensar será-que-eu-gostaria-que-ela-fizesse-isso-comigo? Juro que não faço com você aquilo que eu acharia ruim se você fizesse comigo, acho que isso é primordial em qualquer relação, seja ela de amor, amizade, familiar ou de trabalho. É a lei da sobrevivência, a lei dos seres humanos. Não vou te roubar porque não quero ser roubado. Não vou te matar porque não quero ser morto. Não vou te trair porque não quero ser traído. Não vou te magoar porque não quero ser magoado. Não vou te xingar porque não gosto de ser xingado. Não é difícil entender ou assimilar as coisas. Por sinal, essa é uma coisa que as mães ensinam para as crianças "empresta o brinquedo para teu irmão, ele te empresta o dele" ou "não morde a bochecha do teu amiguinho, gostaria que ele mordesse a sua bem fortão?".

Ah, como eu queria que você pensasse assim! Já perdi as contas de quantas vezes expliquei calmamente e não calmamente, soletrei, desenhei, cantei e encenei o quanto essas coisas machucam. Sei que você é humano, que erra, que falha. Mas me pergunto se você quer mesmo aprender, evoluir e, principalmente, não fazer mais. Ou se você quer continuar com toda a sua praticidade e a sua impaciência para resolver as coisas. Mas, veja que engraçado, a sua forma de resolver nem sempre é a melhor. Lamento dizer, mas você não é perfeito, assim como eu. Eu erro, nem sempre me expresso bem, mas sei reconhecer quando piso na bola, quando me excedo, quando cometo deslizes. Só que você se acha o Senhor Perfeitão, o que tudo sabe, de tudo entende. Então você quer resolver as coisas daquele seu jeito rápido e rasteiro. Por isso, se atropela nas palavras, desce no ponto errado, fala o que não sabe, não ouve o que o outro tem a dizer e estraga tudo.

O pior é que você não reconhece quando azeda as coisas. Não sabe voltar atrás, por isso age como se estivesse tudo bem. E isso me mata. Me fere muito por dentro, pois eu não consigo te olhar da mesma maneira. Eu não entendo uma pessoa dizer que ama outra, perceber que ela está incomodada e cruzar os braços para a situação. Eu nunca cruzei os braços para você, muito pelo contrário: desde que te conheci, abri os braços e não te soltei mais. E antes que você diga que eu faço algo pensando no retorno, antes que inverta os papéis e diga que a errada sou eu e que você acha que não fez nada de mais, sim, você fez.

Eu fiquei magoada, te disse e você me ignorou. Simplesmente ignorou o meu sentimento e saiu, pois tinha um compromisso. Depois, se achando o Dono da Razão, me perguntou: "queria que eu não fosse e ficasse aqui fazendo

DR?". Olha, fazer a pessoa que você ama voltar ao normal, ou seja, deixar de ficar chateada não é DR. Conversar não é DR.

Ei, você acha mesmo que isso é bacana? Acha mesmo que é dessa forma que as coisas funcionam? Acha mesmo que é assim que se trata a pessoa que diz que ama? Aposto que com seus amigos não faria assim. Claro, eles não se queixam para você, não reclamam dos cansaços da vida. Com eles, é só alegria, afinal, a vida tem que ser uma alegria eterna, não é mesmo? É assim que você pensa. Você quer apenas a alegria e o lado bom das coisas. As chatices e o lado ruim você ignora. Ou então você coloca tudo pra fora e me fala, pois te escuto. Mas eu também queria alguém que me ouvisse com carinho de vez em quando. Pense nisso.

Como encontrei o amor da minha vida

(Leia pensando se você realmente se ama muito.)

Como toda mulher, já tive períodos de alta e baixa. Em muitos dias me senti linda, em outros um lixo orgânico em decomposição. Em algumas noites frias quis ter alguém, em outras tantas noites *calientes* queria era curtir a minha solteirice. Não raro eu me pegava abraçada em um travesseiro de plumas pensando e-se-esse-travesseiro-fosse-um-belo-moreno-de-olhos-verdes? Muitas vezes eu quis alguém para dividir coisas simples, como um pote de sorvete de chocolate com menta.

O grande objetivo da minha vida nunca foi arrumar um homem, e sim, ser feliz. Mas de que forma vem essa tal felicidade? É uma palavra que tantos perseguem e poucos sabem percebê-la. A gente fica catando a felicidade no meio da rua, dentro da bolsa, nos cantos das boates esfumaçadas, em alguma mesa de um bar barulhento. E a felicidade, olha só, está aqui e aí: dentro de nós. Não pense que estou em um momento de tosqueira autoajuda, nem vem que não é nada disso. Eu quero é que você perceba que a gente passa uma vida olhando para fora e esquece de olhar para dentro. É aqui dentro que as coisas estão. Não é fora, não é em um cara charmoso e gostoso, não é em um trabalho que te dá muita grana, não é em um par de sapatos carésimo, não é em uma bolsa Chanel, não é em uma viagem para a Tailândia.

A felicidade é melhor e maior do que a realização de sonhos grandes, pequenos e médios. Ela é um estado de espírito, uma notícia que salva o dia, o espelho que resolve ser seu amigo, a tranquilidade de chegar em casa no final de mais um dia e ver que tudo deu certo, a certeza de que tudo tem remédio, a garantia de que depois de um terremoto tudo se encaixa perfeitamente. A felicidade é tirar um sapato que aperta o dedinho, andar de pantufas, sentir a areia nos dedos dos pés, desabotoar a calça apertada, tirar o sutiã, colocar uma roupa com cheirinho de amaciante, tomar um banho quente e colocar o pijama, o cheirinho de café coado, o gosto de bolo de cenoura com cobertura de chocolate, sentir o vento tocar o rosto de forma suave e dançante, um filme que emociona, um livro que ensina, uma lambida do seu animal de estimação.

Durante algum tempo eu pensei que só ia ser feliz de verdade quando encontrasse alguém. E pretendentes não faltaram, pois a cada hora eu tinha a Paixão da Vez. Junto com ela, o Sofrimento da Vez. E assim eu fui me distraindo com uma história aqui e outra ali, até que cansei e resolvi cuidar de mim. Estar apaixonada a toda hora cansa, assim como cansa correr atrás de um cara que não dá a mínima pra você. E nisso, minha amiga, já fui *expert*. Eu gostava era daqueles tipinhos que me ignoravam ou que eram absurdamente problemáticos. Nunca gostei de probleminha, não. Eu gostava era do problemão estratosférico atmosférico catatosférico. Nisso eu era craque, pode apostar. Só que uma hora a gente fica sem forças e resolve se valorizar, afinal, alguém precisa fazer isso, não é mesmo? Então, arregacei as mangas e fui cuidar de mim, pois se eu não cuidasse ninguém cuidaria.

Nem me assustei quando perdi a vontade de ir para as baladas. Algumas amigas diziam assim-você-não-vai-encontrar-ninguém. Mas quem disse que eu queria encontrar alguém? Queria curtir a minha companhia, que é ótima e eu demorei anos para descobrir. Ia ao cinema sozinha, não dividia a pipoca e o Guaraná Zero com ninguém. Saía e depois comentava o filme comigo mesma. Ia ao salão de beleza, fazia as unhas dos pés e das mãos, fazia hidratação no cabelo, depilação, ficava toda em dia. Comecei a correr, então estava com o corpitcho todo em dia, ou seja, autoestima no céu.

Até que um dia, do nada, meu caminho cruzou o dele. Como o mundo é ultramoderno, não nos vimos no meio da rua, e sim, no meio da internet. Descobrimos amigos em comum e gostos parecidos. Ele me convidou para almoçar, recusei. Sabe como é, macaca velha tem medo de água quente. Ele me convidou para um *show*, recusei. Sabe como é, não queria me envolver, estava tudo tão bem eu e eu. Ele me convidou para um café, eu recusei porque estava doente. Ele prometeu me ligar e me ligou. Achei aquilo engraçado, afinal, os homens prometem ligar e nunca ligam. Até que ele me convidou para um cinema e eu aceitei. Nos conhecemos ao vivo lá, no cinema. Ele estava de camiseta marrom, jeans, óculos, All Star bege e um sorriso lindo de morrer. Chegou atrasado e por trás dos óculos pude ver que os olhos dele eram verdes. Entramos no cinema, fomos assistir *Juno*. Ficamos conversando baixinho sobre um conhecido, as luzes foram apagando, fomos calando. O filme começou e pouco tempo depois ele encostou a mão na minha. Fecho os olhos e lembro como se fosse hoje: eu estava paralisada. Abri a mão, um sinal verde para pode-fazer-mais-carinho-que-eu-deixo. E ele entendeu. Nos beijamos de uma forma doce. Então ele deu um beijo na minha testa e eu o abracei. Não ficamos nos beijando loucamente durante o filme, não. Ficamos ali, abraçados, como se fossemos apenas um. O filme acabou, mas nossa história não. Hoje, cinco anos e meio depois, somos casados e temos uma linda cadelinha. E ela se chama Juno.

A flor que não se cheira

(Para ler pensando em quantas boladas nas costas você já levou de "amigo".)

Sempre achei que o amigo que é amigo vai entender a minha falta de jeito, de tato, de tempo, de tudo. Sabe por quê? Se a pessoa me conhece a fundo e gosta mesmo de mim é claro que vai gostar do meu jeito revirado, das minhas ausências por um ou outro motivo, da minha mania de querer tudo para ontem e da minha penca de adjetivos não bacanas.

Não estou dizendo que meus amigos têm que aceitar tudo, mas é humanamente impossível você achar uma pessoa que não te decepcione, correto? Não existe relação ou amizade perfeita. O que existe é uma pessoa que gosta de você e acha que suas qualidades são maiores que os seus defeitos. Não espero que eles aprovem tudo que digo, só acho que eles precisam entender que nem eu sei lidar comigo, por isso eu entendo que eles também não consigam.

Sei que não sou nada fácil, mas nunca fugi da raia. Meus ouvidos, ombros e colo estão sempre à disposição, sou capaz de parar tudo que estou fazendo se algum amigo estiver precisando de uma força, um desabafo, um conselho. Não sou daquelas que aplaude e acha graça das loucuras alheias, falo quando acho que a pessoa exagerou ou passou do permitido. E eu fico muito, imensamente feliz quando vejo que algum amigo conquistou algo que sonhava há tempos.

Acho essa uma das coisas fundamentais na amizade: ficar feliz pelo outro.

É claro que é importante ajudar a levantar um amigo que caiu, que terminou um relacionamento, que perdeu um ente querido, que foi demitido, que está doente ou não tem grana. Mas isso é tão fácil de fazer. Conheço milhares de pessoas que lá no fundinho gostam de saber que o problema do outro é maior que o seu. Ou ainda que o outro tem o mesmo problema que você. Difícil mesmo é ficar felizão da vida quando seu amigo diz que fechou um contrato e vai ganhar uma grana legal, quando ele se muda para um apartamento incrível, quando ele arruma um amor para chamar de seu e coloca o pé no mundo ou quando ele se destaca em alguma área da vida.

Muitas vezes é inevitável sentir uma pontinha-de-alguma-coisa-sem-nome porque o seu amigão acabou de começar uma relação justamente quando sua vida amorosa está mais parada que aquele restinho de água que fica no chão do box. Essa pontinha também surge quando você está desempregado e seu amigo aparece na contracapa da coluna social, como o arquiteto da moda. Ou quando você precisa perder uns bons quilos e a amiga aparece magérrima e siliconada.

Então eu me pergunto: será que isso é normal, será que isso é anormal, qual o parâmetro para a tal normalidade, qual o limite da pontinha-de-alguma-coisa-sem-nome? Aos poucos vamos percebendo quem é quem, o que as pessoas esperam de você, como elas se comportam diante de suas derrotas e conquistas. As máscaras vão caindo, outras vão surgindo e a vida segue nesse baile infinito em um salão muito bem decorado que não para nunca de chegar gente. E de sair também.

Uma hora tudo acaba se revelando. É uma pena que as vezes as decepções apareçam e te deixem sem rumo. Muitos amigos gostam de você, mas não sabem lidar com aquela pontinha-de-alguma-coisa-sem-nome. Sou contra dizer que tudo é inveja, nem sempre as coisas têm esse nome pesadão. Mas às vezes a inveja tem nome, segundo nome, sobrenome do meio e sobrenome do fim. E é aí que mora o perigo. O bom é estar sempre de olhos bem abertos, pois aquele que você jurava ser seu amigo pode simplesmente deixar de ser. Mas isso não quer dizer que ele nunca foi, apenas que as coisas foram até onde tinham que ir. *C'est la vie.*

Para você, que está longe

(Para todos aqueles que já partiram
e deixaram uma saudade sem fim.)

Eu não poderia deixar de te escrever. Sei que mesmo de longe você acompanha meus passos, minha vida. Quero dizer que às vezes te sinto presente e meu coração se enche de calor. Fecho os olhos e logo vem o som da sua risada. Junto com ela sinto o seu perfume e lembro dos seus olhinhos tão doces e puros.

Tenho um pouco de medo que o tempo passe e varra para baixo do tapete todas as minhas lembranças. Por isso, sacudo esse tapete todos os dias em busca de algum pedacinho que talvez eu não tenha visto ou até mesmo já tenha esquecido. Sua falta dói. Mas eu sei que você está bem, sei que agora já não sofre, sei que está em paz. E isso me conforta.

Lembro quando ficávamos horas fofocando ou conversando sobre o passado. Você me contava muitas histórias e eu ficava viajando nas suas palavras. Quando eu adoecia, você fazia algum chazinho mágico. E a sua barriga era a almofada mais fofinha do mundo inteiro, que lugar bom para estar. Com você, aprendi que na vida tudo tem um jeito e que às vezes a coisa parece ruim só no primeiro momento. É, tudo depende de nós, da forma como olhamos as coisas.

Eu tinha certeza que um dia você partiria. Mas pensei que você ficaria mais tempo por aqui. Quando você adoeceu, eu falhei. Senti uma fraqueza grande, pensei que não fosse conseguir. Me desculpa por ter sido tão frágil, nem sempre sei lidar com as coisas. A reviravolta foi meio de novela, nunca esperava um desfecho tão dramático. Mas aconteceu. E eu não aguentava te ver daquele jeito. Sei que no fundo aquela era você, mas ao mesmo tempo não era. Sei que soa confuso, mas eu sei que você me entende. Você sempre entendeu a todos.

Quando só temos as nossas lembranças fazemos o possível e o impossível para conservar cada detalhe. É um trabalho diário, mas que dá uma esperança bonita de que nada escapará pelas frestinhas. Sei que na vida uns nascem e outros morrem, mas meu lado infantil grita e diz que as pessoas não deviam adoecer ou morrer. Elas deviam ser eternas. Acho que todo mundo tinha que ter no máximo uma gripe ou resfriado, mas nada daquelas doenças terríveis.

Sei que para tudo tem uma explicação e que hoje não consigo ver direito todos os porquês. Também sei que vai chegar a hora do nosso reencontro. Isso me dá forças e uma alegria no cantinho do peito. Todos nós temos uma missão, resgates, tarefas. E o dia que tudo isso é cumprido simplesmente partimos para um outro lugar. Acredito que o seu lugar é muito tranquilo e aconchegante e isso me deixa feliz. Sempre peço que o seu caminho seja de luz e coisas boas e sei que sou atendida.

Aqui todos estão bem, cada um leva sua vida do jeito que pode e consegue. Você sabe que nem sempre as pessoas são boas em lidar com os sentimentos, então não leva em consideração algumas coisas que aconteceram depois que você foi embora.

Quero dizer que você foi o ser humano mais doce que já conheci. Era incapaz de ser indelicada com alguém, sempre acolhia a todos com amor e gentileza. Que saudade que eu sinto. Apesar de saber que você está bem às vezes é impossível não chorar. Quando vejo as lágrimas estão descendo, quentes, de mãos dadas com outras lágrimas, pelo rosto. Então elas param em algum lugar e eu as seco, respiro bem fundo e dou um sorriso. Você sempre me fez sorrir. E eu fico voltando a fita, puxando o passado pelos pés, torcendo para que ele não desapareça da memória, pois hoje ele é somente o que tenho.

Nunca esqueça que eu amo você.

Onde foi parar nossa liberdade?

(Para ler ouvindo "Freedom", do George Michael.)

Acho impressionante essa capacidade humana de querer emitir opinião ou palpite sobre tudo. Às vezes ninguém quer saber o que você acha sobre determinado assunto. Mas muita gente acha que pode sair por aí resolvendo a vida dos outros. Isso acontece em núcleos familiares, profissionais e na internet.

Com as redes sociais ficou muito fácil dizer o que pensa, doa a quem doer. O grande problema é a falta de limites, de espaços, de entender que nem sempre o outro quer que você diga o que ele precisa fazer ou a forma como ele escolhe viver.

As pessoas são livres, cada um faz o que quer da sua vida. É claro que todo ato tem uma consequência, por isso o bom senso deve estar presente no nosso dia a dia. Só que muita gente resolve meter o bedelho na sua vida e eventualmente distribuir algum tipo de agressão, como por exemplo: você educa errado a sua filha, você trata seu cachorro como filho, você se veste de forma inadequada, você gesticula muito com as mãos. A grande questão é: por que você precisa tanto procurar alguma coisa que você considera errada na vida de outra pessoa? Por que não cuida dos próprios problemas? Por que não usa toda essa energia para resolver a sua vida?

Sinceramente, não consigo compreender essa lógica. Já parou para pensar que a pessoa educa o filho da forma que pode e que acha correta? Muitas vezes, depois de um dia cansativo no trabalho, tudo que você quer é que a criança não chore. Sua cabeça está explodindo, você resolveu uma família de pepinos enormes durante o dia e só quer um pouco de paz. Então chega em casa, prepara o jantar, serve o prato da sua filha e espera ela comer. Só que ela faz birra, não está a fim de comer sentada à mesa, e sim, na frente da televisão. Você sabe que é errado, que as refeições devem ser feitas com toda a família sentadinha, mas coloca o raio do DVD para a menina se acalmar e comer tudo, senão começa um chororô infernal, ela não come nada e mais tarde vai acordar com fome. Em outras situações, o casal não pode ter filhos ou adiou esse momento, se apegou muito ao bichinho de estimação e trata ele com o maior carinho do mundo. E você, de acordo com a sua visão, com o seu ponto de vista, acha aquilo um absurdo. O mesmo acontece com a forma como as pessoas se vestem ou são.

A grande questão é que olhamos as coisas sob o nosso prisma. Eu não usaria uma calça *legging* com miniblusa, pois não tenho a barriga chapada. Também não acho bonito quem usa, mesmo que tenha uma barriga de dar inveja à Musa das Barrigas Perfeitas. Só que não fico por aí condenando quem quer mostrar sua pança ou ausência dela. Deixa a pessoa ser feliz, se ela se sente bem assim, ok. E se alguém fala gesticulando, saracoteando, plantando bananeira, deixa a pessoa ser do jeito dela!

Que mania de não aceitar as pessoas como elas são. O mal da humanidade é olhar para a bunda do outro ao invés de olhar para a sua. Deixa que o outro é grandinho e sabe fazer as suas escolhas. Nem sempre as suas escolhas são corretas, nem sempre o que você considera certo se encaixa e se adapta na vida de alguém. Então, acho que devemos parar com essa postura de querer achar alguma coisa. Não temos que achar nada, nadica de nada.

Percebo que a maioria das pessoas que vive tentando "resolver" a vida dos outros tem sua própria vida bagunçada. Porque é muito mais fácil falar de A, B ou C do que arregaçar as mangas e arrumar a nossa própria desordem. Dá preguiça, dá trabalho, dá incomodação. E às vezes dá até uma certa tristeza. Só que é necessário, é preciso, é fundamental colocar um espelho na nossa frente e tentar consertar o que está errado lá no fundo.

Quem se preocupa com os próprios problemas nem tem tempo de se achar o juiz da vida alheia.

Eu e minhas mágoas

(Para ler ouvindo Raul Seixas.)

De vez em quando queria ser mais fria e dar menos importância àquelas pequenices que tanto machucam meus pés. Só que não tem jeito: certos comportamentos viram pedrinhas finas dentro dos meus sapatos. E incomodam, incomodam, incomodam. Em algum momento preciso interromper meu trajeto, me encostar no muro em busca de sustentação e apoio, tirar um sapato, atirar a pedrinha longe, recolocar o sapato e repetir esse processo com o outro.

É claro que toda história tem dois ângulos, o seu e o meu, e nem sempre eles se sintonizam e ficam em harmonia. Talvez eu seja apenas uma chatonilda que queira um mundinho de sonhos. Ou talvez eu só queira que as relações sejam mais justas. Ainda estou na dúvida, mas talvez você resolva o caso, tire suas próprias conclusões e me ajude.

Uma amizade é via de mão dupla. Damos, recebemos, trocamos. Se algo se desencaixa, encaixamos novamente. Na teoria tudo é muito belo e sem muito drama, mas na vida real parece que nem tudo são flores. Algumas pessoas se aproximam de você porque achavam que tinham coisas em comum, uma afinidade ou algo do gênero. Vocês começam a conviver e percebem que, sim, se dão bem. Passam por bons momentos juntos, dão risadas, compartilham conquistas, dividem angústias de todos os tipos. Então, em algum momento que você não lembra nem tem notícia, a pessoa some da sua vista. Te convida para uma reunião, mas demonstra não fazer tanta questão da sua presença, afinal, você é apenas um convidado no meio de oitenta. E você fica se perguntando em que parte da história dormiu.

Se tem uma coisa que não gosto é de gente que bate no peito para dizer que é assim e assado e no fundo é uma farsa. Se você afirma que gosta do preto no branco, por favor, viva de acordo com o que você prega. Não dá pra ser hipócrita, dizer que vive às claras se quando chega o fim do dia escurece todo o seu apartamento.

Dizer uma coisa e fazer outra não combina com o meu estilo de ser e de viver. Se eu gosto de você, porra, eu gosto de você. Mesmo que o mundo inteiro não vá com a sua cara, mesmo que tudo esteja desabando, mesmo que o mundo termine vou permanecer com meu sentimento e minha visão até o final. Eu simplesmente não acordo em um dia de sol e decido que hoje-vou-riscar-você-da-minha-vida. Não sei ser assim, se você é meu amigo sabe bem disso. E se você é meu amigo também sabe que posso fazer mil coisas ao mesmo tempo, mas se você pegar o telefone e me ligar a qualquer hora precisando desabafar ou contar uma bela novidade eu vou te ouvir e te dar o suporte que precisa ou o brinde que merece. Só que não aguento quem é ingrato, precisa de mim em algumas ocasiões e quando resolve não precisar mais me descarta como se eu fosse uma velha embalagem de iogurte, que você abre, raspa bem o potinho, lambe a tampinha e joga no lixo seco.

Sou de mais carne que osso, sentimental umas quatro doses acima do permitido, não consigo fingir e tento até onde posso. Por isso, meu primeiro passo é chamar para uma conversa franca e direta. Está tudo bem, fiz ou falei algo que desceu errado, fui uma filha da puta em algum momento, perdi alguma parte do enrosco? Não? Ok. A vida está muito atarefada, você está com problemas, precisa de alguma ajuda ou força? Não? Ok. Ótimo, fico mais aliviada então. Se a pessoa some depois disso tudo me leva a crer que algo realmente está errado e que ela achou que não valia a pena dizer. Então eu, trouxinha que sou, até tento outra vez, sempre lembrando do velho e bom Raul Seixas (se você não sabe do que estou falando, por favor, toca Raul!). E se a pessoa me diz oi, sim, é, não, aham, então eu fui. Porque eu ainda não arrumei um emprego no circo.

Meu coração fica arranhado e com brotoejas que coçam sem parar, mas mais do que isso não posso fazer. Então, procuro me desfazer da mágoa como me desfaço de roupas que já não servem. Mas lembro que pessoas não são descartáveis e que é impossível esquecer pequenos momentos, ainda que alguns tenham entrado na minha vida há pouco tempo. Só que os amigos (e isso vale também para amores) têm que ficar porque querem, não porque impusemos nossa presença goela abaixo.

A mocreia virtual

(Porque elas existem dentro e fora das telas.)

Você se sente confortável dentro do seu relacionamento. Ele é um sujeito bacana, decente, honesto, sincero, bonitinho. Não é um deus grego, não tem um corpo escultural, não é mais rico que o Eike Batista, mas é um cara normal, não tem vícios, é um príncipe da realidade (dentro do possível, é claro).

Se conheceram através de uma amiga e aos poucos começaram a se envolver. Foi a relação mais longa e verdadeira que você já teve e vocês têm planos para o futuro. Você se sente completa, preenchida, bem e acha que é isso que vale a pena em uma relação, afinal, se é para ter dores de cabeça diárias é melhor estar sozinha.

Ele nunca te deu motivos para desconfianças, por isso você nunca fez aquilo que nove entre dez mulheres fazem: revistar bolsos, cheirar camisas, dar a conferida básica no celular e etc. Você realmente vive em paz e relaxada, nada te preocupa ou aflige, mesmo porque ele é muito carinhoso, vive te elogiando e mimando, sua família o adora, ele é muito presente, não costuma sair sozinho com os amigos ou colegas de trabalho, então você não enxerga nenhum grande motivo para se preocupar. Até que um dia, ou melhor, em uma madrugada, o grande motivo chega em uma reluzente bandeja de prata.

Em um sábado, após o jantar, você vai tomar um banho e ele diz que vai responder uns e-mails. Liga o notebook, você o beija e diz que vai demorar um pouquinho porque vai lavar e secar o cabelo. Entra no banheiro, toma um banho relaxante, lava bem a vasta cabeleira, lava o corpo, passa óleo, desliga o chuveiro, se seca, coloca um pijama *sexy*, seca o cabelo, se perfuma, escova os dentes, vai para o quarto e diz amor-vem-deitar. E o amor vai, o amor deita, o amor te beija, o amor te abraça e o amor te faz gozar. Ele adormece e você não. Resolve levantar, toma uma água, folheia uma revista, abre a janela, olha para a lua e para o horizonte, pensa que vai ter que lavar toda a louça do jantar no domingo pela manhã até que olha para o notebook fechado em cima da mesa e percebe que o amor esqueceu ele ligado. Como seu namorado é muito esquecido, você abre o notebook e, antes de desligá-lo, resolve conferir seus e-mails. Mas o amor deixou o e-mail e a boca abertos.

Você, que nunca desconfiou de nada, resolve clicar no botão "sair", mas percebe que na caixa de entrada dele tem vários e-mails da Gostosa de Búzios. Seu coração sente um arrepio e suas mãos começam a suar. Então você abre o primeiro da série de e-mails aterrorizantes. O amor, veja só, está mantendo uma relação virtual com uma moça de família que diz ser a mulher mais gostosa de Búzios. Você, desgostosa da vida, lê um por um e descobre que essa pouca vergonha vem acontecendo há mais de quatro meses. Ele a chama de "linda", "meu bem" e, é claro, "gostosa". Não tem nada de romance, são apenas elogios e pelo jeito eles se enviam e-mails eróticos. Não houve encontro, é tudo pela tela do computador, vídeos pornográficos, mensagens picantes. E você se pergunta onde amarrou sua égua, ou melhor, seu cavalo, ou melhor, o cavalo do seu namorado e a égua da Gostosa de Búzios.

O que fazer? Opção A: acordar ele a pontapés. Opção B: atirar o notebook do nono andar. Opção C: mandar um e-mail para a Gostosa de Búzios dizendo que ela é uma vaca de marca maior. Opção D: chorar, se acalmar, desligar o computador, tomar mais água e tentar dormir, porque amanhã é domingo, a pia de louça está cheia, vocês têm um churrasco na casa da prima do seu namorado e você não pode estar com olheiras. Opção E: se vestir e sair na calada da noite. Mas você não para de pensar e pensar e pensar que ele deve transar com você pensando nela, que ela não deve ser a mulher da foto, mas que ele acha que ela é a mulher da foto porque homem é visual, homem é burro, homem é cachorro, homem é o zoológico inteiro!

Você respira fundo pelo nariz, expira pela boca, senta no sofá e procura se acalmar. É só sexo, é virtual, não houve contato físico, não tem por que entrar em desespero. Mas houve aquele contato que ninguém suporta: o contato do pensamento. Ele não deve pensar ou falar com ela apenas para se excitar, ele deve se lembrar dela em alguma parte do dia, deve querer conhecê-la, deve sentir vontade de abraçá-la, beijá-la e realizar todas as suas fantasias que, por enquanto, não passam de uma página no Word. E você liga para uma amiga às três da manhã, que te conta o caso da irmã da mãe dela, que descobriu que o marido tinha uma amante virtual. Só que ele estava apaixonado, enamorado, pensando em largar a mulher para ficar com a mocreia virtual. Ela te lembra que você está no lucro, que para o seu namorado é tudo na base da imaginação, da brincadeirinha, da fantasia. Mas você insiste em puxar o pensamento pela mão, sente que para durar quatro meses é porque ele sente algo mais além de puro tesão e além do mais, poxa vida, tesão por outra?

Vale mais a pena fazer um escarcéu ou deixar a coisa rolar? Escarcéu, já que você não engole espinha de peixe. Chega no quarto, acorda o infrator, relata o que aconteceu, ele se envergonha, diz que não foi por mal, fala que não tem sentimento, que é carne, dá mais meia dúzia de desculpas esfarrapadas e você não acredita em nenhuma. Por isso, se veste e resolve ir embora, terminar tudo, chega disso, não quero esse medo da traição me rondando, pois quem faz isso na internet uma hora acaba fazendo na vida real também. Ele pede perdão, diz que não vai fazer mais, mas você não acredita, pois uma coisa é ver revista ou site de mulher pelada, outra bem diferente é manter uma relação, ainda que virtual, de sexo, sacanagem e muita putaria com outra pessoa. E a sua relação acaba ali, naquela madrugada, entre lágrimas, pedidos de fica, por favor, e uma raiva infinita da Gostosa de Búzios (que deve ser horrorosa) e do Retardado que Acredita (que é muito imbecil por achar que aquela mulher cheia de Photoshop e com cara de prostituta de luxo da Europa realmente é quem faz e acontece com ele por e-mail).

Da onde vem o medo deles?

(Leia pensando que nem tudo está perdido.)

A Valentina conheceu o Gabriel na escola, eles começaram a namorar e estão juntos desde então. Isso já faz quase onze anos. Volta e meia as pessoas perguntam para quando é o casamento, ela sorri e diz que não sabe, ele ri meio tímido e é enfático "não tem por que casar se estamos bem assim". É, realmente os dois estão superbem, são cúmplices, amigos, parceiros, amantes, se divertem, viajam, aproveitam a vida. Passam os finais de semana coladinhos e depois cada um vai para o seu canto, com o seu banheiro, com a sua cama, com os seus pertences.

O Frederico conheceu a Antônia na lanchonete da faculdade e após o primeiro beijo já engataram um namoro. Com três meses de namoro ele a pediu em casamento, ela aceitou, organizaram o casamento em tempo recorde e disseram o famoso "sim" seis meses após o beijo inicial. Se adoram, se curtem, se amam e se dão superbem.

Alguns dirão que o segundo casal é fogo de palha, que essa relação não vai durar, que é impossível conhecer alguém em tão pouco tempo. Outros dirão que o primeiro casal é muito enrolado, que tem algo errado aí, que já era para ter acontecido um enlace ou um pedido de casamento. Mas, afinal, o papel realmente importa ou o casamento é apenas mais uma convenção?

Sou a favor do amor, não importa se moram juntos, separados, colados, grudados. Alguns casais preferem viver separados, pois funciona melhor assim, afinal, todos nós somos mesmo cheios de manias e pequenas obsessões. Outros gostam de dividir tudo, até os hábitos mais chatinhos.

Acho que o amor é um convite para as vivências a dois. E aceita quem quer, quem não tem medo de embarcar nessa aventura. Não dá para ficar com um pé dentro e outro fora: ou você entra com tudo ou fica na rua. Não existe um meio termo para o amor, tem que aceitar tudo que ele traz ou então nem entrar na dança.

Noto que alguns homens possuem um medo absurdo da tal da aliança, seja ela de compromisso ou de casamento. A aliança nada mais é do que a prova do crime, o objeto que entrega que você abriu as portas do coração e da vida. O amor pressupõe uma certa fragilidade, pois você precisa se entregar sem pensar se vai dar certo, do contrário, não é entrega. Se você começa uma relação pensando que ela pode azedar ou estragar em breve é provável que não esteja dando o seu melhor e que não esteja completamente envolvido com os seus próprios sentimentos.

Se vai durar mais um, cinco ou vinte anos ninguém sabe, mas é justamente o não saber que faz com que a gente queira aproveitar cada momento especial. É por isso que as pessoas fazem planos para o futuro, pois realmente querem que aquilo funcione, que dê certo, que traga a tão falada e esperada felicidade.

Alguns homens temem perder a liberdade, querem sempre ter o controle de tudo, acham que se entregando de corpo e alma para uma relação não serão mais donos do próprio nariz. Pensam que precisam reafirmar suas virilidades a todo instante, querem ser o dono de todas as situações.

Esquecem que tudo isso é a mais pura babaquice, que o amor traz uma liberdade muito maior e mais intensa.

Não é preciso nenhum tipo de receio, apenas a mais completa conexão com o mundo interior. É aceitar-se, aceitar o outro, aceitar que o sentimento chegue, se instale, se mantenha firme e dê frutos. Porque o amor nunca vem sozinho, é uma semente que cresce, se desenvolve, se espalha e gera mais e mais amor.

UFC do amor

(Porque de vez em quando uma luta é essencial.)

Antigamente as mulheres aguentavam tudo: de traições a agressões. Sofriam caladas por medo de perder o marido e a própria vida, já que não trabalhavam e dependiam financeiramente de seus homens. Mas acho que a pior dependência é a emocional. As pessoas precisam entender que uma relação não é a salvação da pátria e que estar em um relacionamento ruim pode ser tão prejudicial quanto uma doença que vai matando lentamente.

Hoje em dia as coisas mudaram um pouco, mas ainda conheço gente que engole tudo e demora para digerir. Sou a favor da conversa, da briga, da discussão, do debate, da resolução. E acho que as coisas só se resolvem quando são colocadas para fora. Isso não quer dizer que eu gosto de viver em pé de guerra.

As brigas servem para conhecermos o outro e a nós mesmos. Inúmeras vezes já fiquei chocada com as minhas reações, tanto de calma quanto de descontrole. A cada briga eu me conheço, me testo, me percebo. E a cada briga eu consigo entender um pouco mais do outro. Elas servem para ver até onde vai o amor, como ele se comporta sob pressão, quando colocado na parede, como reage quando o tornado passa e o tempo bom reaparece.

Acho muito estranho casais que estão sempre numa boa, em total sintonia, que não discutem, que está tudo sempre muito bem e muito bom, que não dizem nenhuma palavra em um tom mais elevado, que se comportam que nem um lorde e uma princesa. Não estou julgando quem vive na mais perfeita harmonia, mas dizendo que acho bem estranho não existir qualquer tipo de situação conflitante, por menor que seja.

É impossível que duas pessoas diferentes, que vivem tão próximas, não tenham sequer um momento de discordância. Brigar não é atirar coisas um no outro, agredir verbal ou fisicamente, gritar feito maluco ou bater a porta na cara da pessoa. Brigar é defender seu ponto de vista, sua opinião, manifestar o que pensa, colocar para fora tudo que incomoda. Uma briga também não é discutir relação, é discutir o que você não gosta, o que está errado, o que não está de acordo com o que você quer.

Nunca fui o tipo de mulher que diz amém para tudo o que dizem, valorizo muito o que penso e, principalmente, o que sinto. E brigo muito por isso, sou cabeçona mesmo, bato o pé e insisto no que acho certo. Mas também sei reconhecer quando erro a mão e passo dos limites.

A briga, numa relação, só faz o amor crescer, pois é ali que você vê o outro desnudo, sem nada, desarmado, pois por mais que no começo de um conflito a gente lance mão de pequenos artifícios, como escudos, proteções e outras coisas do gênero, ao longo do embate vamos nos despindo e mostrando o melhor e o pior de nós. E a pessoa que nos ama precisa conhecer todos os nossos lados, bons ou não.

Amor além da vida

(Se você acredita no poder do amor,
não deixe de assistir ao filme com esse título.)

Um filme que sempre me emociona é o *Amor além da vida*. Se você ainda não assistiu, faço um breve resumo: um família vive tranquila e feliz até que os dois filhos do casal morrem em um acidente de automóvel. A mulher fica deprimida, o marido tenta lidar com a situação do jeito que pode e consegue. Quatro anos depois, ele morre e vai para outro plano, uma espécie de paraíso. A mulher, sozinha e triste, comete suicídio. Mas quem termina com a sua vida não é mandado para o mesmo local que os que cumprem sua missão aqui na Terra, então eles ficam separados. Ele, por sua vez, faz o possível e o impossível para tirar a mulher do inferno em que ela se encontra e trazê-la para um lugar melhor e mais bonito.

Se você tem um amor, um amor profundo, já deve ter desejado envelhecer ao lado dele. Ter filhos, netos, bisnetos e passear pelo parque, ambos andando um pouco mais devagar, com cabelos brancos, mãos enrugadinhas, marcas do tempo no rosto e no corpo. Envelhecer, ao contrário do que prega o botox e outras soluções rápidas a favor da juventude, não é nada feio. E envelhecer ao lado de quem você ama é uma das coisas mais lindas deste mundo.

O problema é que nada é programado, não sabemos até quando vamos viver. Não nascemos com a data de partida, portanto, hoje mesmo pode ser nosso último dia, pode ser o último beijo, o último toque, o último momento. Mas ninguém sabe, é por isso que muitos partem com pendências, perdões entalados na garganta, coisas mal resolvidas e muito por fazer. Sou da teoria do é-pra-hoje, já que a nossa vida é tão breve.

Os amores deveriam partir juntos, ao mesmo tempo, de mãos dadas e rosto colado. Só que infelizmente não é assim. E eu fico me perguntando: o que fazer quando nada mais restar, quando o amor da sua vida fechar os olhos para nunca mais abrir? O que fazer com aquele tanto que ainda existia para viver? É claro que não dá para passar o dia e noite chorando, desejando que o ser amado volte para o seu lado, afinal, ele partiu e não irá mais voltar. A vida segue, você também precisa seguir em frente. É besteira pensar que cometendo o suicídio você chegará perto dele, pois nós nascemos com um propósito e precisamos cumpri-lo, custe o que custar, com todas as mazelas, com todas as dores, com todos os porquês. Não podemos interromper nosso caminho, quebrar um ciclo sem ser concluído. Precisamos ser fortes e seguir na luta, sabendo que um dia o reencontro acontecerá, cedo ou tarde. Mas o que fazer com a falta, com o que sobra, com o que não poderá ser vivido? O que fazer com a cama que ficou vazia, com o lugar vago na mesa, com as reticências e o nada?

Não existe uma resposta pronta e rápida para a falta. Só existe a certeza de que o amor tem um poder inimaginável, que ele é o sentimento que mais transforma, arruma, cura, consola, acalenta e enobrece. Só existe a certeza de que após fazermos tudo que precisa ser feito teremos o merecido descanso e o tão esperado reencontro. Só existe a vontade de que nosso amor encontre a paz e a luz e que quando chegar a nossa hora ele nos ajude a compreender e a achar o caminho.

A pequena acumuladora que mora aqui dentro

(Para ler pensando nas coisas das quais precisa se desfazer.)

Melhorei muito nos últimos anos. Já não junto mais pétalas de rosas que ganhei em ocasiões especiais, embalagens de bombons que me deram de presente, cartões de embarque de viagens inesquecíveis, a blusa que usei quando recebi uma ótima notícia e, principalmente, lembranças que já não valem mais a pena ocupar espaço na minha memória.

É, eu sou assim, gosto que nenhum momento fuja do meu campo de visão. Isso nem sempre é saudável e me faz bem, por isso às vezes procuro me revistar. Vejo se tem alguma coisa fora do lugar ou ocupando um lugar que não é propriamente seu.

Tinha muitas manias, uma delas era guardar tudo que foi importante. Até mesmo pessoas. Não me desfazia do vestido que usei no dia que comecei no meu primeiro emprego, afinal, algumas roupas dão sorte. Também não me desfazia de pequenos objetos que iam acumulando, juntando pó e impedindo a energia de fluir e se renovar.

Acredito muito no poder do pensamento e da energia de ambientes e pessoas. Então procuro estar sempre em sintonia comigo mesma, mantendo uma boa vibração, bons pensamentos para tentar receber isso tudo de volta da vida. E te digo que frequentemente dá certo, pois nós somos o que pensamos. Nós somos o reflexo das nossas atitudes e elas têm origem no nosso pensamento e sentimento.

Eu tinha pena de deixar muitas coisas para trás, por isso me agarrava com força e coragem em coisinhas que impediam que minha vida andasse para a frente. Quem quer uma vida estagnada, atrolhada e cheia de poeira? Ninguém. Por isso, resolvi começar uma mudança. Não foi fácil, comecei devagarinho, pé ante pé, às vezes recuava um pouco, em outras andava uns vinte passos para a frente, de vez em quando volta mais trinta, mas sentia vontade de crescer e evoluir, então fui firme e uma hora minha caminhada deslanchou, me desapaguei do que não valia mais a pena manter e segui andando. Só para a frente.

Comecei pelas roupas que não iria mais usar. Tirando o velho abrimos espaço para o novo e era isso que eu queria. Me desfiz, sem dó, de sapatos, bolsas, acessórios, roupas e maquiagens. Tudo o que eu não usava, doei. A doação traz uma alegria, já que tudo aquilo de que a gente se desfaz vai para outra pessoa, começar uma nova trajetória, ter outra sequência. Depois eu parti para os objetos da casa. Almofadas, vasos, quadros, porta-retratos, espelhos, revistas. Não vale a pena guardar uma revista só porque saiu uma matéria que você se interessou, ainda não leu e provavelmente não lerá. Então, pra poupar qualquer tipo de pilha desnecessária, é só pegar a revista, ser franco com você mesmo vou-ler-isso-nos-próximos-dias? Se a resposta for positiva, ok. Se for negativa, é lixo, doação, venda, qualquer coisa. Resolvi partir para os objetos pessoais, como cartões-postais, cartas, cartões, fotos antigas. Muitos joguei fora sem o menor peso na consciência. Outros me deram aquela pontadinha incômoda no coração. Mas não me deixei envolver por essa sensação e segui adiante. Guardei apenas uma caixa com cartas de pessoas importantes, tais como meu irmão, minha avó, meu namorado, meus pais. O resto foi para o lixo. Em outra caixinha, guardei fotos de momentos que foram marcantes. Também me desfiz de todos os tickets de cinema, shows, teatro, bem como dos bilhetes de trem e avião de viagens e bons momentos, pois entendi que o que foi bonito vai ficar na memória, mesmo que de vez em quando eu precise forçá-la a pegar no tranco.

Finalmente resolvi partir para as pessoas. Muitas vezes nós engolimos tanto sapo que nem sabemos ao certo por que deixamos isso acontecer. Parece que entramos no automático: apenas abrimos a boca, o sapo entra, desce pela garganta e demora um tempão para a digestão ser concluída. Tomamos sal de frutas, chá de boldo e nada resolve, só o tempo. Então eu decidi que não queria mais isso interferindo no meu bem-estar. Chega de sapo, chega de gente mesquinha, chega de quem não acrescenta, chega de quem só suga, chega de quem ri na frente e fala mal depois, chega de quem só te procura quando precisa, chega de quem não olha nos olhos, chega de quem só de estar perto te causa arrepios e desconforto.

Hoje, finalmente, posso dizer que a minha vida está leve. Assim como eu.

Amor peludo

(Leia amassando seu bichinho de estimação.)

Aprendi a gostar de bichos com meu pai, ainda pequena. Nossa primeira cadela teve seis filhotinhos, todos sapecas e fofos. Cada filhote que arrumava um novo lar trazia um riacho de lágrimas. Tempos depois, tivemos mais uma cadela. E outra e outra. Na minha casa sempre teve cachorros de porte grande, que ficavam no quintal. Eu brincava, tomava conta, levava ao veterinário e dava muito amor.

Depois que entrei no mundo dos adultos (leia-se: ter uma casa, um trabalho, comida para fazer, roupa para lavar e contas para pagar) também quis uma cachorrinha. Como moro em apartamento, sabia que as coisas seriam diferentes. Só não imaginava que seriam ainda melhores.

No começo, é claro, decidi que ela não subiria na cama, nem no sofá e só comeria ração. Só que o tempo passa, a gente se apega e deixa os bichinhos fazerem o que quiserem. Então ela, pequena, não consegue subir na cama, só descer. Mas ela pede, me chama com a patinha e eu atendo. A bichinha aprendeu a subir no sofá com a minha avó. Fica naquele sobe e desce, leva brinquedos para o sofá e deita por cima das almofadas. Quando estou comendo ela me pede brócolis, cenoura, maçã. E eu dou, afinal, legumes e frutas são saudáveis e fazem bem.

Um bichinho alegra a vida e deixa a gente muito mais feliz. Ainda lembro do dia em que a vi pela primeira vez.

Queria porque queria um cachorro, mas meu namorado dizia pra esperar. Resolvi usar um golpe baixo: um conhecido tem uma cachorra que deu cria, vamos lá só pra ver? Ele caiu e eu vibrei por dentro, só não imaginava que ele se apaixonaria à primeira vista. Peguei uma filhotinha no colo e ela me lambeu. Ele pegou uma que estava mordendo seu dedo. Me olhou cheio de carinho e disse deixa-eu-ver-essa-que-lambe. E eu mostrei. Ele abraçou, beijou e disse agora-nossa-família-está-completa. Sim, ela já era nossa, ela nos escolheu.

Algum tempinho depois ela chegou em definitivo. Saiu de dentro da caixinha toda assustada, pequena, uma bolinha de pelo. Deu uns passinhos incertos, temerosos. Reconheceu o terreno, nos reconheceu, passou a distribuir lambidas. Na primeira noite chorou e a colocamos junto na cama.

Toda vez que chego em casa ela me espera na porta pulando, pronta para dar beijos e receber afagos. Quando pego a coleira para passear ela dá gritinhos felizes. É uma cadelinha dócil, que cumprimenta os vizinhos e se dá bem com crianças. É praticamente um anjo que cuida das nossas vidas, que gosta de ficar sempre bem encostadinha na minha perna. Quando estou concentrada na frente do computador, ela me chama com a pata, como quem diz ei-mãe-estou-aqui. Eu faço um carinho e volto para o que estou fazendo. Ela chama de novo. Faço carinho novamente. Até que ela larga um brinquedo em cima do teclado, no melhor estilo quero-brincar-agora. E eu sorrio com a boca e com o coração. E brinco.

É impossível sentir solidão com um bichinho sempre por perto. Quando choro ela chega bem pertinho e começa a lamber minhas lágrimas, como quem diz estou-sempre-com-você. Eu entendo, dou um abraço, digo que amo. Ela retribui encostando a cabecinha no meu ombro. E eu penso que tenho muita sorte por ter encontrado esse amor tão puro, que não espera nada em troca, somente um pouco da minha atenção.

Bailando sem parar

(Pequenas atividades são importantes na vida do casal.)

Acredito bastante naquele ditado "vassoura nova varre bem". O começo é atraente, já que você mesmo sem querer ou saber busca encantar e envolver a outra pessoa. Isso acontece também nas amizades. Aos poucos, você vai relaxando, soltando os ombros, desatando os nós, abrindo os botões, ficando à vontade dentro de si mesmo. Depois que ficamos mais soltos é que mostramos o nosso verdadeiro eu.

No começo tudo é novidade: as conversas, o sexo, as trocas, os momentos juntos. Mas depois de alguns anos é preciso muita paciência, tato, amor, carinho e até mesmo uma certa ternura para saber separar o que vale a pena ser discutido e o que é melhor deixar pra lá. Porque não dá para fazer cada coisinha virar uma coisona, senão a relação vira uma chatice sem fim.

Aos poucos, ficar sentadinho no sofá assistindo filme em um sábado à noite não parece tão bacana quanto antes. É que aquilo deixou de ser novo, mas continua sendo especial. Acho importante não deixar um relacionamento ficar banalizado, por isso é fundamental investir em pequenos momentos a dois, que são prazerosos, divertidos e muito românticos. É só ter um pouquinho de criatividade e fazer acontecer.

Cozinhar a dois é uma delícia. Enquanto um tempera a carne, o outro corta a cebola. Um cuida das panelas e o outro arruma a mesa. Um abre o vinho e o outro confere o forno. Um acende as velas e o outro aumenta o som. Não importa se a cozinha é grande ou pequena, se existe espaço ou fica apertadinho, se você tem uma superintimidade com as panelas ou elas são totais desconhecidas, o jeito é inovar.

Dançar é excelente para a interação entre corpos, para conhecer bem o seu par, olhar nos olhos, demonstrar confiança, colar o rosto e o corpo e deixar eles embarcarem com tudo na música, sem pensar em mais nada. É um momento íntimo e muito sedutor, afinal, a sensualidade não precisa ser exercida somente na cama ou em cima da pia.

Jogar cartas, Jogo da Velha, Stop, dados ou qualquer outra coisa faz do outro um adversário e é ótimo ver como seu rival se comporta. Além disso, é divertido, é uma atividade diferente, é estimulante e relaxante.

Fazer algo que nunca fizeram, como um piquenique no parque, na sacada ou no meio do tapete da sala. É só fazer sanduichinhos, preparar um suco, pães de queijo, bolo ou qualquer outra coisa que você goste. Estenda uma toalha no meio do seu parque favorito ou até mesmo na sacada do seu apartamento. Tire os sapatos e saboreie o momento.

Preparar surpresas e se preocupar com a relação é tão importante como respirar. Também vale lembrar que é bom ambos terem um tempo a sós com seus próprios pensamentos. A individualidade deve ser exercida para que um não se sinta esmagado pelo peso do outro. Mesmo porque é impossível viver grudado.

O mundo ideal

(Leia pensando se hoje você já fez a sua parte.)

Que existe uma diferença entre o ideal e o real todo mundo já sabe de cor e salteado. Confesso que eu espero um pouco mais do mundo, de vez em quando fico desiludida e deixo de acreditar nas pessoas. Então procuro me cutucar na tentativa de voltar a ter fé. E volto.

No meu mundo as pessoas seriam mais tolerantes, menos agressivas, teria mais doação e menos egoísmo, mais caridade e menos falta de vontade, mais ajuda e menos quero-mostrar-que-tenho, mais verdade e menos falta de palavra, mais saúde e menos gente na fila do hospital, mais segurança e menos grades, mais carinho e menos tabefes, mais crianças na escola e menos crianças pedindo nos semáforos, mais delicadeza e menos falta de educação, mais respeito e menos falta de paciência, mais vontade e menos corpo mole, mais coragem e menos medo, mais motivação e menos preguiça, mais crença e menos amargor, mais amor e menos indiferença.

Sei que nada muda da noite para o dia, que o problema do nosso país não é apenas o descaso, tem também a roubalheira e a falta de comprometimento. Mas não apenas por parte dos governantes, já que nós também não fazemos a nossa parte.

É inadmissível que ainda hoje as pessoas pensem que podem fazer o que querem e sair impunes. Não adianta ficar puto da vida porque foi cortado no trânsito, xingar, brigar, descer do carro e dar um murro na cara do outro motorista. Isso vai resolver alguma coisa? Vai mudar sua vida? Vai te deixar feliz bater em alguém? Se você comeu uma barrinha de cereal e não achou nenhuma lixeira próxima, guarde a embalagem na bolsa. E se não tem bolsa coloque no bolso para jogar fora depois. Se você viu que a pessoa da frente deixou cair uma nota de R$ 50 e não percebeu, em vez de pensar eba-me-dei-bem, junte a nota, chame e pessoa e devolva, afinal, aquele dinheiro não é seu. E não pense que "achado não é roubado", pois você não achou nada, apenas viu que o outro deixou cair.

Depredar, furtar, arrombar e destruir o que não é seu é crime. Se na sua casa você não quebra os vidros nem escreve nas paredes, então não faça isso na rua. Se no seu banheiro você é asseado, não deixe todo emporcalhado o banheiro público. Se no assento diz gestantes-deficientes-idosos, não sente se você não se encaixar em alguma dessas categorias. Se a fila do banco está imensa e você enxergou um conhecido lá na frente, não tente passar os outros para trás, espere a sua vez.

As pessoas exigem providências, mas esquecem que é trabalho de formiguinha: cada um faz um pouco por vez.

Todo mundo quer um país melhor. Mas um país melhor precisa de pessoas com comportamentos melhores. Agora você pensa mas-eu-sou-uma-pessoa-boa. Então se comporte como tal.

O jeito é ir

(Leia ouvindo "Walk On", do U2.)

Por muitas vezes me senti amarrada ao passado. Não, não era macumba (pelo menos assim espero), nem vudu. Eu me sentia presa, sem conseguir dar um passo para a frente, de mãos atadas, pernas coladas com aquelas fitas de mudança. Só então eu percebi que estava vivendo atrelada ao passado, sem conseguir colocar as minhas lentes que levariam até o futuro.

Muitas vezes o passado assombra de uma forma aterrorizante. Ele vem, entra, nem pede licença e começa a desempenhar o seu papel favorito. Sim, o passado é o nosso pior inimigo. É lá que se encontram as mágoas que não foram bem digeridas, as ofensas que ainda batem forte no nosso peito, os traumas que seguem latejando, os amores que não foram bem solucionados, os rancores que seguem guardados, os perdões que não foram ditos e/ou ouvidos.

Se perdoar é imprescindível. Você já sabe que todo mundo erra, que ninguém nasce sabendo, que fazemos escolhas erradas, que arrependimento não pode matar, que nem sempre conseguimos vencer. Só que perder não é o fim, muito pelo contrário: pode ser um novo começo. Não da maneira que você idealizava, mas um novo começo. Qualquer idealização traz frustração, pois se não atingimos aquilo que estávamos pretendendo o gosto amargo começa a surgir de mansinho até tomar conta de toda a nossa boca.

Perdoar os outros. Perdoar os outros. Perdoar os outros. Existe uma diferença grande entre magoar de propósito e magoar sem querer. Perdoe os dois casos, pois o primeiro ainda não evoluiu o suficiente para saber que não se machuca as pessoas gratuitamente. E o segundo não percebeu o que fez e de repente o fez com a melhor das intenções. As pessoas nunca sabem o que nos dois casos, é preciso dizer, do contrário, elas nunca saberão o que nos deixa alegres ou tristes. Não podemos cobrá-las pelo não esclarecimento, pela ingenuidade, pela falta de noção.

É bem verdade que existe o bom senso. Mas até ele é relativo, pois para mim pode significar uma coisa e para você outra. Sou a favor da transparência, de ser claro isso-me-magoa-não-faça-mais. Não dá para ouvir calado e passar anos remoendo algo muito simples e rápido de ser resolvido. As pequenas tristezas e atritos não podem se transformar em uma bola de neve, em algo pesado demais para você carregar a ponto de deixá-lo corcunda e cansado.

E aquilo que não pode ser mudado?, você me pergunta. Não tem problema: não mude. Apenas aprenda a conviver e a não supervalorizar. Os pequenos traumas, medos, desavenças, rixas, deixe para lá, não dê corda, não lembre, não recorde, não dê fermento para que cresçam. Não dê subsídios para que se tornem maiores que você. Deixe em um canto, finja que não existem e siga sua vida.

O melhor a fazer é simplesmente esquecer o que não faz bem, perdoar o que pode ser perdoado, resolver o que deve ser resolvido e, principalmente, se desculpar. Se desculpe do que não deu certo, não se afogue no mar de culpa e procure viver a sua vida de uma forma mais suave.

Semelhanças

(Leia pensando se a sua primeira paixão
era mesmo parecida com seu pai.)

No começo, o pai é aquele herói que brinca de boneca e salão de beleza, que joga bola, que ensina a escovar os dentes, que dá aulas de matemática, que tira todos os monstros e fantasmas do quarto, que conta histórias, que abraça forte, que cuida.

Depois, o pai vira uma espécie de cara-que-manda. Você já deve ter ouvido este diálogo em casa:

– Mãe, posso sair?

– Pede para o seu pai.

– Pai, posso sair?

Então ele é o cara que manda e desmanda, deixa sair, manda estudar, pergunta se você está indo bem na escola, na faculdade, no trabalho, na aula de tênis, no inglês, no sapateado, na natação. E depois ele vira uma espécie de banco 24 horas. Pai, quero dinheiro pra comprar livros. Pai, vou comprar o presente da Fernanda. Pai, preciso de dinheiro pra fazer as unhas. Pai, preciso de um casaco novo. Pai, todo mundo vai viajar no feriado, mas minha mesada acabou. Pai, tem que pagar a primeira parcela da formatura. Pai, me empresta dinheiro?

Depois que você cresce seu pai vira um homem-que-não-te-manda-mais. De alguma forma você sente uma estranha liberdade, afinal, já não mora mais sob o mesmo teto que ele, tampouco depende financeiramente. Por isso, se sente à vontade para ser quem é.

É aquela velha história: a gente dança conforme a música. Na casa do seu pai você dança o som dele. Na sua casa você dança o seu. Raras são as pessoas que têm o mesmo comportamento dentro e fora de casa. Dentro você não tem tantas responsabilidades quanto fora. E é fora que você se encontra, que se encaixa, que junta suas peças, que cria sua vida, que cresce. Por isso, é impossível não ser diferente, não se sentir de outra forma.

Quando chega a adultez você recorda a infância e pensa que a figura masculina é extremamente importante na vida de uma menina, afinal, é a sua primeira referência de homem. A forma como o seu pai te trata é a forma como você vai se deixar ser tratada pelos primeiros homens que surgirem no caminho. Se o seu pai era carinhoso e você tem essa memória viva, você vai procurar homens que sejam carinhosos e que te tratem bem. Se o seu pai era ausente, você inconscientemente vai buscar homens que sejam mais atarefados e não tenham tanto tempo para você. Se o seu pai era espirituoso, você vai procurar homens que sejam da mesma forma. Se o seu pai era prático e crítico, você vai buscar homens que sejam iguais. E assim por diante. Seu pai pode ser vários em um, por isso pode ser um pouco difícil pensar nisso com clareza. Mas acho que a maioria das mulheres encontra homens que sejam parecidos com seus pais. De uma forma ou de outra, afinal, foi aquilo que elas aprenderam, foi a primeira relação que estabeleceram com o sexo oposto, não conhecem nada diferente, não sabem agir de uma nova forma.

Se o seu pai era um *serial killer*, não se preocupe: nem sempre as mulheres estão fadadas a procurar apenas um tipo de homem. Com o tempo, vão descobrindo que existem outros padrões. Espero que você tenha sorte.

Alto impacto

(Nem sempre a gente se dá conta do que fala.)

Uma mensagem precisa de um emissor e de um receptor. Nem sempre o que um diz chega da forma que ele queria até o outro. Ficou confuso? Te explico: às vezes você fala uma coisa com a melhor das melhores intenções do mundo inteiro e a outra pessoa toma aquilo como ofensa. Mas você foi gentil na colocação, demonstrou interesse pela vida do outro, quis manifestar cuidado e carinho. Só que ele não entendeu. E isso acontece porque talvez ele esteja frágil, se sentindo um pouco perdido ou emaranhado em um dia ruim.

O ser humano é impaciente de nascença. Hoje em dia as pessoas têm cada vez menos tempo e vontade de trocar de posição e ir rapidamente até o lugar do outro só para ver como se sentirá caso receba determinada mensagem. Muitas vezes o que chega vem forte. E balança.

Existe bem mais de uma forma de dizer uma frase ou manifestar uma opinião. Podemos, é claro, simplificar as coisas e dizer que existe a forma delicada e a forma grosseira. A delicada é aquela que você procura, com tato, dizer o que pensa sobre determinado assunto igualmente delicado. A grosseira é aquela que você não procura nada além da sua própria voz e fala o que acha que tem que falar, sem pensar em ninguém. Normalmente a segunda forma gera conflitos e arranhões desnecessários. E frequentemente a primeira pode gerar um sentimento de melindre ou inadequação.

Ninguém gosta de ouvir que está errado, tampouco algo a que os ouvidos não se sintam muito confortáveis. É lógico que o melhor é ouvir o que queremos. Bom mesmo é estar sempre certo, fazer tudo bonitinho, não ser contrariado, não levar pedradas nas costas nem tomates na cara, não ser criticado nem receber um não garrafal. Mas o grande problema (ou seria solução?) é que ninguém está certo sempre. Tudo na vida tem dois lados, às vezes até três ou quatro.

Às vezes o impacto que uma simples frase causa na vida de outra pessoa é muito grande e grave. Gera um sentimento de não aceitação, menosprezo e a pessoa acaba se sentindo pequena, desvalorizada, inferior. Por isso, é preciso ter um pouquinho de noção, pensar e repensar e se for preciso pensar mais uma vez naquilo que sai da nossa boca, pois uma vez fora é impossível colocar para dentro e engolir todas as palavras novamente.

Normalmente eu me pergunto será-que-vale-a-pena-falar-isso? Será que o outro quer mesmo ouvir a minha opinião? Muitas vezes ele só quer desabafar, sem ouvir o contraponto. Só que a gente não se segura, a língua coça e quando vemos já estamos emitindo opinião para um assunto que nem fomos chamados. E aí gera uma grande confusão. Já me meti nessas mais de uma vez. Então agora estou tentando me policiar, fechar a matraca e abrir bem os ouvidos. Lembro da minha avó, que dizia que "Deus deu dois ouvidos e uma boca por algum motivo". Já descobri.

Como o corpo interfere no sexo

(Leia ouvindo "Depois do prazer", do Alexandre Pires.)

Está para nascer uma mulher satisfeita com seu corpo. Os homens são mais condescendentes quando o assunto é autocrítica. Eles perdoam a barriguinha, já que não dispensam a cerveja e o bom churrasco aos domingos. Também fecham os olhos para a calvície, pois "é dos carecas que elas gostam mais". Mas as mulheres, por viverem em um universo tão competitivo e por vezes cruel, não conseguem fingir que não enxergam aqueles defeitos que o espelho do banheiro insiste em mostrar.

Os centros estéticos e salões de beleza vivem lotados, já que existem tratamentos que prometem terminar com as gordurinhas indesejáveis, as tão temidas celulites e as estrias horrorosas. E haja dieta, malhação e sofrimento para tentar deixar o corpo em dia. Por mais magra que seja, uma mulher sempre vai encontrar algo que pode ser modificado ou recauchutado.

Sou da opinião que o que vale é se sentir bem. Dinheiro nenhum paga aquela sensação de bem-estar ao tirar a roupa, já que a pior coisa do mundo é ter vergonha do próprio corpo. Além do mais, a vergonha atrapalha na hora do sexo. Se você está à vontade dentro de você mesma se sente mais confiante, poderosa, sensual, não fica pensando que em determinada posição vai aparecer sua pochetinha da barriga ou que vai mostrar toda a família de celulites na sua bunda. Quando você está bem assume qualquer imperfeição e vai em frente. Mesmo porque, deixa eu te contar um segredo, homem nenhum repara em celulite, estria ou pneuzinho na hora do vamos ver. Nós é que temos essa encanação maluca que eles vão reparar naqueles furinhos ou naqueles risquinhos. Pura bobagem, você é que dá bola para isso, ele não. Muitos, inclusive, nem sabem a diferença entre celulite e estria, então desencana.

Conheço mulheres bem acima do peso que são superbem resolvidas sexualmente. Muitas nem têm namorado, praticam sexo casual, o que é bem mais difícil para quem tem algum conflito com o corpo, afinal, é mais fácil se sentir à vontade com um velho conhecido do que com um cara novo que você provavelmente vai querer impressionar e mostrar somente seus melhores lados. Mas elas não estão nem aí para os excessos e são muito felizes, sim, obrigada.

Na verdade, acho que tudo isso é uma questão de cabeça e de se conhecer. Muitas mulheres não conhecem o próprio corpo por vergonha ou pudor, por isso na hora H ficam cheia de dedos e imaginações que não condizem com a realidade. Nessas horas não dá para pensar no que o outro vai pensar, tem que fazer o que você tem vontade, é claro, com respeito e responsabilidade. Independente de magricela, magrinha, gorda, gordinha ou obesa, você tem que fazer as pazes com você mesma, com seu espelho, com seu corpo vestido e desnudo. E entender que mesmo a Perfeita das Perfeitas não se acha essa perfeição toda.

Mãe é mãe

(Leia pensando o que você tem em comum com a sua.)

Essa palavra é uma das primeiras que aprendemos a pronunciar e deve ser a mais falada no mundo inteiro. É essa mulher que se esconde através de três letras que supre as nossas primeiras necessidades, desde a barriga. Após o nascimento, continua exercendo seu papel com afinco, dando aconchego, conforto, calor, alimento, atenção, cuidado.

Depois das primeiras tentativas de independência, é ela que nos guia e ajuda com os passos iniciais. E segue assim pela vida inteira, mesmo que você já tenha seus próprios filhos. Uma vez mãe, sempre mãe. É impossível renegá-la, esquecê-la, riscá-la da própria vida. Na verdade, é impossível virar as costas para quem te colocou no mundo.

Algumas pessoas não se dão bem com suas mães. É claro que nem toda mãe é mãe no sentido amplo da palavra. Algumas só pariram. Só que estou me referindo àquelas que abraçam a causa e os filhos. Que abrem mão de um punhado de coisas e fazem sacrifícios, pois amar é se sacrificar em prol de outra pessoa.

A mãe também briga, muitas vezes é chata, inconveniente, mandona, ranzinza. Mas é aquela que, não importa o que você faça ou quem seja, vai estar sempre ao seu lado. É aquela que aplaude qualquer conquista, por menor que seja. Que te encoraja quando o medo dá as caras. Que te mima quando a carência nasce. Que te ouve quando o mundo despenca. Que te consola quando a zebra surge. Que te empurra para a frente quando você empaca. Que te protege quando o perigo ronda. Que te estraga quando você faz manha. Que te ama quando você é desprezível. Que está ao seu lado mesmo quando você grita para o mundo que quer ficar sozinho.

Muitas vezes você olha para a sua mãe e diz que não quer ser assim. E quando percebe está com as mesmas manias, jeitos, caras e bocas. Mãe de verdade não é a que diz que você faz tudo certo e que é o melhor filho do mundo, mas aquela que tem a consciência que de vez em quando você é um tremendo de um babaca, mas mesmo assim, apesar disso, ela te ama.

A Monalisa

(Nem sempre é fácil dar aquele sorrisinho bacanudo.)

Não me considero uma pessoa ruim, mas também não sou aquele primor de bondade. De vez em quando sou bem linguaruda e maldosinha. Não gosto muito de dizer que sou qualquer coisa "inha", mas o maldosa no caso leva esse acompanhamento porque não é uma maldade em nível elevado nem moderado, é apenas de levinho. Maldadezinha mesmo.

Sou aquele tipo de gente que não sabe sorrir sem vontade, por isso muitas vezes tenho que dar uma forçada. Antes que você pense que sou uma fingida de marca maior, vou explicar em que situações faço isso. Por exemplo, se encontro algum amigo pentelho dos meus pais, sou obrigada a cumprimentar e sorrir, afinal, eles gastaram rios de dinheiro em uma escola boa e preciso valorizar toda a educação que tive.

Se encontro aquela tia chata, tenho que sorrir e conversar. Pior do que apenas sorrir e cumprimentar é ter que sorrir e desenvolver um diálogo com alguém chato. Procuro evitar, mas às vezes não tem saída, então apelo para assuntos *pouco* polêmicos como religião e política. É claro que eu poderia falar do tempo, mas acho que conversar sobre o excesso de umidade ou o sol escaldante é papo para elevador. Então, eu puxo uma religião ou o desempenho do atual prefeito para poder render. É que esse assunto sempre gera assunto, por isso não preciso ter que puxar da cartola de conversas um novo tema. Além disso, é sempre atual. Poderia falar de coisas mais amenas, mas se é para conversar que seja então uma conversa, ora bolas.

Não raro você pode me encontrar escondida atrás dos cachos de banana no supermercado. Quando encontro alguém que já sei que vai engatar uma extensa prosa já vou me esgueirando, me escondendo e em segundos viro o David Copperfield e desapareço do campo de visão do inimigo.

Também sou a Rainha do Não Ouvi. O telefone toca e não ouço. O interfone toca e não ouço. A campainha toca e não ouço. Ah, não ouvi. Muita gente deve pensar que tenho algum problema auditivo, mas até hoje nunca me questionaram, acho que é uma pergunta meio indelicada.

Preciso te contar que tenho um defeito gigantesco: antipatizo ou simpatizo com a maior facilidade. Sim, eu sei que é errado, sei que isso não se faz, sei que muitas vezes mordo a própria língua por fazer um julgamento inadequado, mas sou assim. Já tentei mudar e não deu certo, por isso sigo me empenhando. Tem gente que se esforça para conseguir completar a maratona, eu me esforço para não gostar ou desgostar de primeira. Acho que é aquela questão de empatia, algumas pessoas a gente coloca o olho e pensa eu-seria-amiga-dela. Já outras você olha e o nariz automaticamente já torce, pois você pensa ih-danou-se. Muitas vezes já me enganei, pois a primeira impressão às vezes é enganosa. Mas outras tantas dei uma de Walter Mercado e acertei.

Nem sempre gosto de socializar, pois valorizo muito o meu cantinho e a minha sanidade mental. Aquelas boates esfumaçadas, com gente grudenta, som nas alturas e pessoas desconhecidas encostando no meu corpanzil também não fazem a minha cabeça. Barzinho com música ao vivo só aqueles em que você consegue conversar sem levar de brinde uma laringite. Acho bem insuportável ter que ficar berrando para o outro te ouvir. Agora, se você me chamar para um lugar onde dê para conversar, sentar e conviver com pessoas esclarecidas, por favor, não se acanhe. E pode ter certeza que eu irei, afinal, sou bem gente fina, só não gosto de baderna e ser obrigada a colar um durex na boca para manter o sorriso constante.

O reflexo das nossas escolhas

(Lembre que tudo o que fazemos deve ter algum sentido.)

Durante algum tempo me senti apenas vivendo. Acordava, levantava, fazia o que precisava ser feito e quando chegava o final do dia eu tomava um banho, colocava minha camisola, deitava e custava a pegar no sono. Não entendia o porquê, afinal, eu estava fazendo tudo que precisava. Até que a ficha caiu: eu precisava ter metas.

Por alguns instantes confundi os sonhos com objetivos. Eles são bem parecidos, mas a essência é um pouco diferente, já que muitas vezes o objetivo é o que é possível e o sonho é algo que pode demorar um pouco mais para ser conquistado. O objetivo no caso seria um plano B do sonho, por assim dizer. Nem sempre a gente consegue atingir o sonho de vida num piscar de olhos. É preciso trabalho, um pouco de sorte e muita luta. Enquanto você luta com toda a força que tem, pode ir conquistando pequenos objetivos, metas. E quando concluir uma pode ir colocando outra na pauta, assim estará sempre em movimento, numa constante busca e focado em melhorar sua qualidade de vida.

Não pense que quando falo em qualidade-de-vida me refiro ao dinheiro. Falo da sensação de dever cumprido, da alegria da recompensa, da felicidade do bem-estar. O dinheiro é um complemento. Ele proporciona conforto e pequenos luxos.

Ter um objetivo é tão importante quanto usar sutiã. Não dá para viver um dia depois do outro sem olhar para o horizonte e pensar quero-fazer-tal-coisa-em-determinado-tempo. Não falo de grandes passos, mas dos pequenos. E é importante que seja em todas as áreas da sua vida. Exemplifico: quero arrumar a cama todos os dias antes de sair de casa. Quero encontrar a Bianca pelo menos uma vez por semana para colocar a fofoca em dia. Quero almoçar todos os domingos na minha mãe. Quero perder cinco centímetros de quadril até o Natal. Quero aprender italiano até o final do ano. Quero comprar um apartamento nos próximos cinco anos. Quero pensar mais antes de agir por impulso. Quero manter meu cabelo virgem até surgir o primeiro fio branco. Quero ter um filho até os 30 anos. Quero arrumar o guarda-roupa até a próxima quarta-feira. Quero ler pelo menos três livros por semestre. E assim por diante. Pequenas metas.

Acredito que as pessoas queiram melhorar a vida e o intelecto. Por isso, é importante ter objetivos claros, um plano para a carreira, estratégias para crescer, se aperfeiçoar, evoluir. A ambição faz parte da vida e acho que ninguém em sã consciência quer ficar estagnado, com a mesma vida, rotina, pensamento, jeito, forma de viver até ficar bem velhinho. É importante agir hoje, pois sempre dá tempo. Nunca é tarde demais para recomeços e reconstruções. Basta querer e arregaçar as mangas.

Não adianta fingir que não vê

(Leia pensando em tudo o que você anda escondendo.)

Um dia a Roberta conheceu o Victor e eles engataram um romance. O problema é que era uma relação cheia de altos e baixos, ela nunca estava segura e tranquila. Vivia tendo que cuidar do que falava, a forma como se vestia e se comportava. Sentia que não era ela mesma, que pouco a pouco estava deixando de se reconhecer como pessoa e como mulher. O problema era o sorriso dele. Aquele sorriso desarmava, conquistava, fazia com que ela perdesse a cabeça e os sentidos. Roberta ficava louca e sentia que aquela paixão a dominava. Victor aprontava, ficava com outras mulheres, mas sempre acabava voltando para os braços dela. E assim eles foram vivendo até que Roberta finalmente resolveu dar um basta.

Ela sofreu, se descabelou, voltou a encontrar aquele homem que tanto a atormentava e fazia seu coração disparar. Mas sentia que aquela vida não era o que tinha sonhado e escolhido. Mesmo assim sempre dava uma chance e insistia. Em uma tarde acabou conhecendo Ângelo, que era um *gentleman*. Cavalheiro, educado, charmoso, sabia exatamente como tratar uma mulher. Ela se sentia admirada, reconhecida, atraída por ele. Começaram a sair e Roberta tirou Victor da cabeça.

Ângelo era incrivelmente educado e sexy, além de inteligente e um pouco ciumento com os colegas de trabalho da amada. Como a história dos dois estava firme, ele convidou Roberta para morarem juntos e ela prontamente fez as malas e se mudou para seu apartamento. Lá, eles viviam na mais perfeita harmonia, sem sobressaltos, sem brigas, sem confusões diárias. A relação dos dois era o oposto da relação dela com Victor. Ele, por sua vez, sabendo que sua ex estava vivendo sua vida, começou a ligar insistentemente. Ela não atendia e ele deixava recados, até que parou de procurá-la. Tempos depois, Roberta soube que ele estava namorando firme outra moça.

Roberta adorava sua nova vida, sua casa vivia cheia de amigos e Ângelo era mesmo um cara legal. Sua família o adorava e torciam para que logo eles oficializassem a união. E esse dia chegou. Eles casaram em uma linda cerimônia, com amigos e parentes testemunhando e abençoando aquele amor que cresceu aos poucos e ganhou espaço no coração de ambos. Os dois viajaram na lua de mel e foram em um museu que Roberta já tinha estado com Victor. Ali, ela sentiu um leve aperto no coração ao recordar os bons momentos que viveu ao lado do ex, que tanto bagunçava sua vida e seus sentimentos. Com Ângelo, a vida era mais simples, ela se sentia plena, bem. Mas ao lembrar de Victor sentiu quase uma nostalgia, uma saudade cheia de melancolia e uma pontada de tristeza ao pensar que as coisas tomaram um rumo tão diferente do que ela queria e sonhava. Por muitas vezes, na lua de mel, ela lembrou do ex e se culpava por isso, já que seu marido era um homem sensível e especial. Além disso, ela tinha certeza que o amava. Certeza absoluta, isso era indiscutível. Mas por que Victor ainda mexia com o coração sofrido de Roberta?

Então, decidiu escrever um e-mail para o ex e contar que havia pensado muito nele nos últimos tempos. Para sua surpresa, pouco tempo depois ele respondeu, perguntando se ela queria encontrá-lo para tomar um café. Roberta teve muita vontade de rever o ex, ficou extremamente balançada, mas hesitou, pois não gostaria que Ângelo fizesse o mesmo com ela.

Os dias se passaram e ela sentia um incômodo, uma espécie de mal-estar. Resolveu ir ao médico, que afirmou estar tudo bem. Só que aquilo não passava e crescia a cada dia. Resolveu procurar um terapeuta, na tentativa de achar, sem sucesso, uma resposta. Nada feito. Até que ela percebeu que grandes paixões sempre vão ser uma pedra no sapato.

O que acontece depois do final feliz

(Leia tendo a certeza de que depois
do *the end* muita água rola.)

Dentre outras coisas, ter um amor para chamar de seu é um dos grandes planos. Ter uma companhia para dividir o futuro é muito melhor do que viver sozinho andando de encontro à velhice. Conforme você pode ler nos livros e ver nos filmes, a história acaba quando o casal passa por todas as adversidades e obstáculos e finalmente consegue ficar junto. Até subirem os créditos ou terminarem as páginas, nunca é tranquilo. O caminho é tortuoso, mas no final o mocinho fica com a mocinha e eles são felizes para sempre.

O problema é que a história não termina ali, muito pelo contrário: é só o começo. Depois do felizes-para-sempre existe um bocado de coisas que ninguém conta. Uma delas é que ninguém é feliz para sempre, já que a felicidade depende de uma série de imposições que o ser humano resolve achar que existem.

Sempre achei que a felicidade é simples, não é um estado de graça ou uma condição eterna. São coisas que surgem no dia a dia e colocam um sorriso no seu rosto. É um fim de tarde bonito, uma brisa no rosto, um banho quente após um dia cansativo no trabalho, é tirar o sapato que está esmagando o dedinho, abrir uma calça apertada, tirar um sutiã que está incomodando, desligar o celular, se enrolar no edredom, sentir o cheiro de café coado, um banho de cachoeira, uma uva docinha, cheiro de casa limpa, pão quentinho, ligar a televisão bem na hora que vai passar seu filme preferido, terminar um livro, entregar um trabalho no prazo, ganhar um presente, dar um presente, receber um abraço apertado de quem você gosta, uma lambida amorosa do seu cachorro, colocar o despertador para um pouquinho mais tarde, deitar no sofá, colocar pantufas, cheirinho de chuva na grama, um pôr do sol, olhar o mar, tomar um chocolate quente, ver que a balança é sua amiga, receber um sorriso cúmplice, dar o que não usa mais para quem precisa, dividir o que você tem com quem não tem, ceder o seu lugar, praticar o bem, ouvir a voz de quem você ama.

A felicidade está naquelas coisas que acontecem todos os dias e você não dá a menor importância, pois são corriqueiras demais. Ela não está escondida em lugar algum, está em todas as manhãs, quando você abre os olhos, enxerga quem escolheu para viver com você ao lado, dá um abraço, olha nos olhos cheios de ramelas, dá um beijo baforento, percebe que a pessoa deixou a torneira pingando, o tapete virado, o sapato no corredor e mesmo assim sente vontade de dividir o mesmo teto. Ela está naquela discussão que você teve mais cedo, mas resolveu não dar tanta importância, foi até o outro, deu um abraço, aceitou as desculpas e deixou o orgulho para trás. Ela está em perceber que mesmo que a outra pessoa tenha saído da barriga de outra mulher, tenha tido outra criação, outros costumes, outra educação, ela é uma pessoa que você quer perto e junto. Ela está na saudade que você sente quando o outro viaja e deixa a cama vazia. Ela está na rotina, na chatice, no que dá errado, mas você se esforça para dar certo. Porque a felicidade é querer que dê certo.

Muita gente encontra o seu par e a promessa do final feliz e se decepciona, pois não existe música ambiente, flashes, glamour e fogos de artifício. O que existe são duas pessoas que se amam e se aguentam vivendo em uma rotina. Porque conviver é, também, aguentar todo o lado ruim do outro. E ainda assim amar de uma forma real, não de um jeito idealizado.

O que acontece depois do final feliz? A vida. Sem nenhum retoque ou correção, apenas a crua vida.

Este livro foi composto com tipografia Electra LH e impresso
em papel Pólen Bold 90 g/m² na Gráfica EGB.